L'Emergence économique dans les pays de l'Afrique Subsaharienne

Collection « Études africaines »

dirigée par Denis Pryen et son équipe

Forte de plus de mille titres publiés à ce jour, la collection « Études africaines » fait peau neuve. Elle présentera toujours les essais généraux qui ont fait son succès, mais se déclinera désormais également par séries thématiques : droit, économie, politique, sociologie, etc.

Dernières parutions

Minette TOMEDI EYANGO TABI, Bassin versant du Nkam-Wouri. *Prototype de la biodiversité des zones humides du Cameroun*, 2017.

Herman Blaise NGAMENI, *La diffusion du droit international pénal dans les ordres juridiques africains,* 2017.

San Simon COULIBALY, *Interroger les défunts, orienter les vivants. Analyse ethnolinguistique des causes de la mort en pays toussian*, 2017.

Auguy MAKEY, *Misère de la philosophie négro-africaine*, 2017.

Edwige KOUADIO, *Du fosterage à l'adoption plénière. L'adoption des enfants de la pouponnière d'Adjamé (Abidjan, Côte d'Ivoire),* 2017.

Patrice MOUNDZA, *Le quotidien des artères urbaines du Congo*, 2017.

Jean-Emery ETOUGHÉ-EFÉ, *Les bars populaires de Libreville. Des construits de sociabilités*, 2017.

Guy MVELLE et Laurent ZANG (Dir.), *L'Union africaine quinze ans après, Tome 2*, 2017.

Guy MVELLE et Laurent ZANG (Dir.), *L'Union africaine quinze ans après, Tome 1*, 2017.

Joachim Emmanuel GOMA-THETHET, Marcel IPARI, Raymond Timothée MACKITHA, *Introduction à l'histoire et aux civilisations des peuples de la Lékoumou (Congo)*, 2017.

Alhousseini MOULOUL, *L'intégration économique et juridique en Afrique*, 2017.

Martial JEUGUE DOUNGUE, *La garantie des droits fondamentaux au Cameroun*, 2017.

Mamadou Billo BARRY, *Gouvernance et coopération internationale en éducation, Le cas de la Guinée*, 2017.

Antoine N'GAKOSSO

L'Emergence économique dans les pays de l'Afrique Subsaharienne

Comment y parvenir ?

L'Harmattan

Du même auteur :

Corruption, fraude, évasion fiscale et croissance, L'Harmattan, septembre 2009, 184 p.

Réformes fiscales en Afrique : Le management du changement, L'Harmattan, septembre 2013, 260 p.

Comment la fiscalité peut-elle contribuer à la monétarisation d'une économie ?, Publibook, juin 2015, 44 p.

5-7, rue de l'École-Polytechnique, 75005 Paris

http://www.editions-harmattan.fr

ISBN : 978-2-343-12737-8
EAN : 9782343127378

Sommaire

Avant-propos

L'idée de la réalisation de cet ouvrage émane de la volonté de combler le vide existant sur le cheminement qu'un pays devra suivre pour devenir émergent.

En s'appuyant sur la loi de Goodhart, selon laquelle « si l'on veut résoudre un problème, il faut le prendre à la racine », pour qu'un pays devienne émergent, il faudrait donc, dans un premier temps, commencer à résoudre les problèmes de base, c'est-à-dire, agir sur les caractéristiques fondamentales d'une économie de marché.

En outre, pour parvenir à l'émergence et pour la pérenniser, comme disait le libéral convaincu, le Pr. Pascal Salin : *les hommes et les Etats doivent avoir la capacité à imaginer le futur*. Autrement dit, la marche d'un pays vers un niveau de développement décent est conditionnée par l'application et le respect des principes économiques de base nécessaires au libre fonctionnement du marché. Pour ce faire, l'Etat devra jouer sa fonction institutionnelle qui consiste à édicter des règles et à les faire respecter. Parmi ces règles, la bonne gouvernance occupe une place de choix dans le contexte particulier des pays de l'Afrique subsaharienne. Ce qui devra contraindre les Etats à sanctionner les comportements non vertueux. Ainsi, l'équation *Réussir à devenir émergent = Réformer les mentalités,* revient à dire qu'il faut *transformer le logiciel mental.* C'est ce que nous enseigne le modèle singapourien, de même que les tentatives de sa transposition au Rwanda.

Par ailleurs, les enseignements tirés de l'histoire expliquent qu'aucun développement ne peut avoir lieu sans l'industrialisation - qui est le moteur de l'urbanisation (selon la loi de Wagner) - et l'innovation. Etant donné que l'urbanisation élève le niveau de vie des populations et que l'innovation impacte positivement la qualité et la productivité, l'émergence économique d'un pays passe obligatoirement par son industrialisation et la recherche & développement. Ainsi, les pays candidats à l'émergence doivent également se doter d'une infrastructure adéquate, selon le corpus théorique de la croissance endogène.

Toutefois, dans les économies où l'infrastructure encourage le détournement des ressources productives plutôt que la production, il y a moins d'investissement, donc moins de transferts technologiques. Dans un tel contexte, les agents économiques sont moins enclins à investir dans la formation ou à développer des idées nouvelles permettant d'améliorer les possibilités de production. Autrement dit, là où les institutions ne sanctionnent pas la corruption, les individus sont incités à investir dans des formations permettant de décrocher un emploi dans la fonction publique plutôt que d'investir dans les formations ouvrant des débouchés vers le secteur productif.

Le système éducatif d'un pays est fondamental pour son émergence. De fait, privilégier les enseignements techniques au détriment de l'enseignement général devra être l'orientation irréversible pour ces pays.

Enfin, pour qu'un pays parvienne à devenir émergent, il devra également inverser la loi de Tinbergen (1969), selon laquelle, la seule loi économique valable en tout temps et dans tout pays est que *les hommes politiques ont plus le souci des élections suivantes que de la génération suivante*. Il s'agira alors de faire en sorte que *les hommes politiques se soucient plus de la génération suivante que des élections suivantes.*

Les décideurs de la politique économique sont censés jouer leurs rôles dans la marche vers l'émergence économique de leur pays. Au regard de cette évidence, leurs tâches peuvent, dans une moindre mesure, s'articuler autour des actions suivantes :

- définir et appliquer les règles du jeu économique ;
- taxer et dépenser ;
- émettre et gérer la monnaie ;
- produire des biens et services ;
- résoudre les problèmes qui se posent dans la société ;
- négocier les accords avec les autres pays ;
- utiliser à bon escient les opportunités offertes par les institutions internationales.

Il appartient désormais aux pays d'exploiter cette première esquisse de la démarche susceptible d'amener les pays de l'Afrique subsaharienne au stade de l'émergence.

Remerciements

Au titre des dédicaces, j'adresse l'expression de ma reconnaissance et mes vifs remerciements aux personnes qui, de près ou de loin, ont contribué à la réalisation et à l'édition de cet ouvrage. Il s'agit notamment du Professeur Adama DIAW de l'Université Gaston BERANGER de Saint Louis (Sénégal), Docteur kitsoro KINZOUNZA, Maître assistant à l'ENAM (Université Marien Ngouabi de Brazzaville), Emmanuel MBENGUE du journal Les Dépêches de Brazzaville, Jean-B. Evrard POUROU-NDINGA, Assistant du directeur général des impôts et des domaines et Madame Ingrid ORAMALU.

Josiane, Sanne-Emiliana, Anthony, Anthonella, Cecilia, Désir, Wylino, Stevi, Vinci Lebeaux, Fériole, Fiston, Steve, Norland, Pavel, Bertrand et Chedry, votre patience et votre tolérance vous ont permis de vous priver de moi au quotidien en vue de la réalisation de cet ouvrage. Retrouvez ici l'expression de mon pardon. Il en est de même pour Jean Marie, Judith et Alain.

À mes regrettés parents, je continue ma marche dans le sens de vos orientations lors de mon enfance. Ceci étant pour moi, la meilleure façon de vous immortaliser.

Enfin, je remercie d'avance les économistes qui vont approfondir cette œuvre qui est loin d'être close.

Introduction

Quelles stratégies de développement pour les pays de l'Afrique subsaharienne ?

De nos jours, les stratégies de développement des pays de l'Afrique au sud du Sahara sont axées sur l'émergence économique qui est un concept assez flou. Cette notion attribuée à Antoine VAN AGTMAEL[1], avait d'abord une signification financière en termes de *marché émergent*.

Dans la littérature économique, le concept d'émergence a émergé grâce aux investisseurs financiers des années 80, à la recherche de marchés émergents, en vue d'une meilleure diversification de leurs portefeuilles. C'est pourquoi, un marché émergent désigne un marché sur lequel les placements offrent des rendements plus élevés que ceux des marchés des pays occidentaux.

Dans sa version élargie, la notion d'émergence concerne les pays jadis qualifiés de pays en développement (PED) dont la croissance est supérieure à la moyenne mondiale. Ces pays sont dans une phase de rattrapage des pays développés. Ils ont pris une place accrue dans le commerce international.

Pour rattraper les pays développés, les pays en développement doivent au préalable décoller et avoir une productivité du travail supérieure à celle des pays développés, autrement, ces pays en voie de développement ne pourront jamais accéder au statut de pays émergent.

---

[1]Economiste néerlandais à la société financière internationale filiale de la Banque mondiale, est le premier à utiliser l'expression « émergent » en 1981.

Globalement, le concept de *pays émergent*, récemment apparu dans la littérature, désigne les pays les plus dynamiques parmi les pays en voie de développement et les mieux intégrés dans l'économie désormais mondialisée, sans aucune définition préalable des critères de l'émergence d'une économie.

L'absence de définition des critères de l'émergence d'une économie soulève la question de savoir à partir de quel moment, dans le cheminement vers le progrès économique, peut-on considérer que l'économie d'un pays a atteint le stade de l'émergence ?

Cette question est pertinente pour deux raisons au moins :

Premièrement, l'apparition de nombreux acronymes[2] (BRIC en 2001 ; CIVETS en 2009 ; BRICM, BRICI et BRICS en 2011 ; BRIICS, BENIVM et BENIVM de second rang en 2013) pour désigner les rassemblements des pays émergents ou pays émergents potentiels.

Deuxièmement, la volonté manifeste de plusieurs Etats de l'Afrique au Sud du Sahara (ASS) à devenir des économies émergentes à un horizon bien déterminé.

---

[2]BRIC : Brésil, Russie, Inde, Chine qui sont les quatre principaux pays émergents.

CIVETS : Colombie, Indonésie, Vietnam, Egypte, Turquie et Afrique du sud

BRICM : Brésil, Russie, Inde, Chine, Mexique

BRICI : Brésil, Russie, Inde, Chine, Indonésie.

BRICS : Brésil, Russie, Inde, Chine et Afrique du Sud

BRIICS : Brésil, Russie, Inde, Indochine, Chine et Afrique du Sud

BENIVM : Bangladesh, Ethiopie, Nigeria, Indonésie, Vietnam, Mexique

BENIVM : de second rang : Angola, Arabie Saoudite, Ghana, Côte d'Ivoire, Mozambique, Malaisie, Kazakhstan, Azerbaïdjan et Colombie.

Dans le cas des pays de l'Afrique au Sud du Sahara, cette question est d'autant plus pertinente du fait que, parmi les nombreux acronymes apparus pour désigner les rassemblements des pays émergents dans la décennie à venir, la majorité des pays dont les décideurs publics ont décrété leur émergence à un horizon bien défini n'y figurent pas, malgré leur volonté manifeste de faire de ces pays des économies émergentes.

Dans ces conditions, il y a lieu de s'interroger si cette volonté manifeste de ces décideurs publics se traduira en une réalité ou une utopie, ou restera un mythe ?

À l'instar des pays devenus émergents, l'atteinte du stade de l'émergence économique n'est pas l'effet du hasard ou de la chance, mais c'est un processus qui se construit. C'est pourquoi cette étude vise à présenter les étapes qu'un pays candidat à l'émergence devra parcourir pour devenir une économie émergente.

Pour ce faire, nous présenterons, dans un premier temps, les conditions préalables à l'émergence, c'est-à-dire les conditions qu'un pays devra au moins remplir pour devenir un pays pré-émergent, c'est-à-dire, *la phase du décollage*. Dans un second temps, nous aborderons les critères de l'émergence d'une économie, c'est-à-dire, les critères qu'un pays devra au moins satisfaire pour atteindre le stade d'une économie émergente, c'est-à-dire, *la phase de convergence*.

Bien cerner les conditions préalables à l'émergence économique et les critères de l'émergence d'une économie, contribue à éclairer la lanterne des décideurs publics et politiques, ainsi que celle de la société civile des pays candidats à l'émergence.

L'éclairage sur les prérequis et la grille de lecture d'une économie émergente, dans le cas des pays de l'Afrique au Sud du Sahara, apparait opportun pour trois raisons au moins.

Premièrement, permettre aux décideurs politiques d'apprécier si la trajectoire économique et sociale que suit chacun de ces pays fera avancer leur économie vers le stade de l'émergence ou la fera s'en éloigner. Dans le cas de l'existence d'un écart considérable entre le niveau de développement actuel de chacune de ces économies et le stade de l'émergence attendu, les mesures devront être prises afin de réajuster cette trajectoire, voire de repousser l'horizon de l'émergence préalablement fixé.

Deuxièmement, améliorer la qualité du débat politique sur l'état d'avancement du programme de l'émergence dans chaque pays concerné.

Troisièmement, permettre aux agents économiques de bien formuler leurs anticipations[3] afin d'éviter les effets de surprise des politiques discrétionnaires.

Sur le plan méthodologique, les conditions préalables à l'émergence d'une économie sont fondées sur les prérequis du décollage économique. En revanche, les critères de l'émergence d'une économie sont fondés à la fois sur la combinaison de deux principaux facteurs du développement (Jim O'NEILL, 2001), à savoir : les facteurs économiques et le facteur démographique, auxquels on ajoute le facteur politique et la démarche suivie par les pays devenus émergents.

Tout en sachant que les conditions préalables à l'émergence et les critères de l'émergence sont parfois

[3]En effet, les incertitudes engendrent les erreurs d'anticipation.

imbriqués du fait qu'une nette démarcation entre les deux groupes de critères est parfois difficile, cette étude s'appuie sur les ouvrages et articles disponibles sur l'émergence économique des pays émergents d'Asie de la première génération, c'est-à-dire les *quatre dragons*[4], et ceux de la deuxième génération, c'est-à-dire *les quatre tigres*[5].

Notre étude s'articule autour des quatre chapitres suivants :

- l'esquisse d'une revue de la littérature ;
- les conditions préalables à l'émergence économique ;
- les critères de l'émergence d'une économie ;
- les indicateurs d'évaluation du niveau de développement d'une économie.

[4]Hong Kong, Taïwan, Singapour et la Corée du Sud ;
[5]Indonésie, Thaïlande, Malaise et Philippines

I. Esquisse d'une revue de la littérature

Deux points composent cette revue de la littérature : les fondements de l'émergence dans l'histoire de la pensée économique et l'expérience des pays devenus émergents.

1) Les fondements de l'émergence économique dans l'histoire de la pensée économique

Depuis longtemps, les économistes et historiens d'économie s'efforcent d'identifier le « point de décollage » marquant l'entrée dans une phase durable de croissance (ROSTOW, 1960 ; MADDISON, 1970 ; REYNOLDS, 1983). Ces vingt dernières années, cet exercice a suscité un regain d'intérêt (O CAMPO et VOS, 2008 ; KHARAS, 2010) par la remise en cause des deux paradigmes fondateurs des relations Nord/Sud (HUGON, MICHALET, 2007), à savoir, les travaux dépendistes[6] selon lesquels, les périphéries connaissent un blocage de l'accumulation et un échange inégal, et les analyses néolibérales qui soutiennent que la spécialisation selon la dotation factorielle doit favoriser la croissance et que le déficit d'épargne au Sud doit être comblé par l'investissement extérieur et le commerce.

À contrario, à partir des années 90, force est de constater, un déplacement du centre de gravité du capitalisme mondial vers l'Asie du Sud et de l'Est avec de nouveaux pôles au Moyen-Orient. En effet, ces pays sont devenus des exportateurs nets des capitaux et ont

[6]Il s'agit des travaux des théoriciens de la dépendance.

contribué au financement des déficits des Etats-Unis, d'où la qualification d'économies émergentes.

Même si le concept d'émergence reste encore flou, l'idée d'émergence est fondamentalement liée à celle du rattrapage et de convergence. À cet effet, on peut considérer que les pays désignés comme émergents, en raison de leur taux de croissance élevé, sont des pays jugés capables d'atteindre à un délais raisonnable des niveaux de revenu et d'Indice de développement humain (IDH) du même ordre que ceux des pays développés.

Le contour de l'histoire de la pensée économique permet de caractériser une économie émergente par deux faits, à savoir : le « décollage économique » et la convergence de l'économie vers celles des pays développés.

S'agissant du décollage économique, c'est-à-dire la phase selon laquelle le mouvement de croissance auto-entretenue s'instaure, il constitue la 3è étape des cinq étapes successives du développement économique défini par ROSTOW (1960), que sont : la société traditionnelle, les conditions préalables au démarrage (ou les conditions préalables au développement), le décollage (take-off), la marche vers la maturité et l'ère de la consommation de masse. La phase de décollage est ici caractérisée par un taux de croissance plus élevé que celui des pays avancés en raison de l'effet de rattrapage. Le plus souvent, le taux de croissance doit varier entre 6% et 10%, voire un peu plus de 10%. Cette étape est liée à une série de transformations structurelles dans les domaines de la production, du commerce et du financement des entreprises. Ces transformations structurelles s'accompagnent d'évolution en profondeur des mentalités et de l'esprit du capitalisme et l'application des technologies industrielles des transports et des communications.

Selon ROSTOW, pour stimuler l'avènement de la croissance et du développement économique, il faut préconiser :

- l'ouverture des marchés ;
- la concurrence internationale ;
- le développement de l'esprit d'entreprise ;
- le renforcement du niveau d'éducation et de formation des hommes ;
- l'essor de la recherche et développement.

Pour ce qui est de la convergence de l'économie vers celle des pays développés, celle-ci soulève la question de savoir si les pays pauvres ont tendance à croitre plus vite que les pays riches, autrement dit, s'ils peuvent rattraper leur retard ?

Cette question est au centre d'un vif débat empirique depuis plus de cinquante ans. Dans la deuxième moitié du XXe siècle, on a assisté à plusieurs vagues de rattrapage :

- l'Europe de l'Ouest, le Canada et le Japon ont partiellement rattrapé les Etats-Unis entre 1950 et 1975 ;
- les « Nouveaux pays Industriels[7] » d'Asie du Sud-Est (Hong Kong, Singapour, Corée du Sud, Taïwan, Philippines) ont rattrapé les pays avancés à partir des années 60 ;
- la Chine, l'Inde, le Brésil et la Russie ont réalisé un rattrapage spectaculaire à partir des années 90.

---

[7]À partir des années 90, la Corée du Sud, Hong-Kong, Singapour et Taïwan sont considérés comme pays développés.

Contrairement à ROSTOW (1990) qui envisage que le développement est un processus linéaire, en passant nécessairement par les cinq étapes du développement, pour Alexandre GERSCHENKRON (1962), ces cinq étapes ne seraient pas obligatoires. En effet, la coexistence de différents niveaux de développement entre les nations serait susceptible de créer un « avantage lié au retard » : l'effort d'innovation entrepris dans les pays riches pourrait se trouver plus facile à imiter et à importer. Ainsi, pour GERSCHENKRON, les pays retardataires doivent utiliser des stratégies de développement spécifiques afin de combler le fossé qui les sépare des pays développés. À cet effet, ils doivent recourir aux politiques et aux stratégies nationales de développement privilégiant :

- l'intervention de l'Etat dans le développement de l'économie, notamment par le biais des commandes publiques et des investissements dans le capital physique, le capital humain et le capital public ;
- l'appel aux capitaux étrangers afin de pallier l'insuffisante de l'épargne nationale ;
- le recours à l'importation de technologies étrangères pour accélérer la modernisation de l'appareil productif ;
- la protection du marché intérieur face à la concurrence étrangère et la promotion des « champions » nationaux et des exportations.

À la suite de GERSCHENKRON (1962), plusieurs auteurs ont critiqué le schéma linéaire de ROSTOW et ont défendu le point de vue selon lequel les pays en développement ne peuvent rattraper leur retard sur l'occident qu'en suivant un chemin spécifique.

Cependant, le succès dans la mise en œuvre des politiques spécifiques suppose un certain nombre de conditions :

- une population active relativement bien éduquée ;

- un Etat doté d'une certaine efficacité ;
- une émergence progressive d'une classe moyenne capable de renforcer le marché intérieur et la capacité d'épargne nationale.

Le rattrapage du retard pour ces pays n'est envisageable que si certaines conditions qui bloquent leur développement sont levées. Il s'agit notamment de l'amélioration du taux d'investissement, de l'accumulation du capital humain, public et technologique. Une telle convergence est qualifiée de conditionnelle.

Selon le modèle néoclassique, le rattrapage n'est possible que si les pays en développement croissent plus vite que les pays développés. Toutefois, on ne doit pas confondre d'une part, rattrapage et convergence et d'autre part, rattrapage et réduction de la dispersion des revenus par tête. La distinction entre rattrapage et convergence renvoie à la notion de *convergence conditionnelle* alors que la deuxième distinction renvoie à la différence entre *β- convergence et σ- convergence.*

La propriété de convergence du modèle de SOLOW n'implique le rattrapage que conditionnellement du fait que tous les pays convergent vers le même état stationnaire : c'est une propriété de convergence conditionnelle. En effet, le modèle de SOLOW prédit le rattrapage seulement entre pays ayant des caractéristiques structurelles similaires (taux de croissance de la population, taux d'épargne et technologie). En revanche, en cheminant vers un état stationnaire différent, les pays en développement ne rattrapent pas forcément les pays développés. Enfin, cette absence du rattrapage peut également s'expliquer par les chocs défavorables que subissent les pays en développement.

On parle de σ - convergence quand on s'intéresse à l'évolution de la dispersion des revenus par tête dans un échantillon de pays et que cette dispersion se réduit dans le temps. En revanche, on parle de β - convergence pour désigner la convergence d'un pays vers son point stationnaire, avec une vitesse β. Si tous les pays sont engagés dans un processus de β - convergence, on s'attend à observer une σ - convergence, mais les chocs conjoncturels importants peuvent occasionner une σ-divergence durable même s'il y a β - convergence. À cet effet, le rattrapage n'implique pas une réduction de la dispersion des revenus par tête.

Sur le plan institutionnel, un Etat de droit devra s'affirmer pour installer un climat de confiance entre les agents. Ensuite l'investissement devra fortement s'élever et le progrès technique devra être exploité par la production. Il s'ensuivra des industries de transformation et le développement du travail salarié.

Globalement, l'émergence économique n'est pas le fruit du hasard ou d'un miracle, elle se construit[8] et apparait comme l'étape de la marche vers la maturité économique au sens de ROSTOW, c'est-à-dire la convergence économique : ce qui suppose qu'elle doit être précédée par l'étape des conditions préalables à l'émergence, c'est-à-dire les conditions préalables au décollage.

[8]À l'instar de la Chine, pendant la période communiste, la Chine est restée un pays en voie de développement. Deux changements majeurs ont déclenché cette croissance ultrarapide et continue : conversion à l'économie du marché vers la fin des années 1970 par le président Deng XIAOPING, une nouvelle constitution en 1982 et l'adhésion de la Chine à l'OMC en 2002.

Dans un pays pauvre, le problème majeur est celui du décollage économique. Pour générer une croissance forte, il faut disposer d'une structure administrative fonctionnelle, de marchés organisés avec une structure claire des droits de propriété et d'une infrastructure administrative, juridique, de communication et de transport opérationnelle. Les pays pauvres ne disposant pas de telles conditions voient leur décollage se bloquer et sont condamnés à rester figés dans la trappe à pauvreté. Le niveau de l'investissement doit être suffisamment élevé pour permettre le rattrapage.

Cette situation implique que la croissance a un coût en termes de diminution de la consommation. En effet, la société doit sacrifier la consommation courante en échange d'une consommation future plus élevée, mais incertaine.

Une fois le décollage réussi, le pays accumule du capital et génère des emplois permettant de mettre à profit ses ressources humaines. La productivité y augmente pendant un certain temps, mais se heurte tôt ou tard à des obstacles. Le plus important d'entre eux est le passage à un niveau de production qui implique des rendements décroissants, aussi bien du capital que du travail. Les projets les plus rémunérateurs sont exécutés en premier et les travailleurs les plus qualifiés sont les premiers à être embauchés. Au fur et à mesure que la quantité produite s'accroît, le rendement du capital baisse et des travailleurs moins productifs sont embauchés. Ainsi, la productivité du capital baisse au fur et à mesure que la production augmente.

Passons à présent à l'expérience des pays devenus émergents.

2) Expérience des pays devenus émergents

À l'origine, le concept de pays émergents, inventé par Antoine AGTMAEL pour distinguer les pays en développement disposant d'une surface financière jugée suffisante, est resté imprécis et a engendré de nombreux regroupements des pays qualifiés d'émergents. À la lumière des pays devenus émergents, le concept d'une « économie émergente » désigne l'économie d'un pays en développement qui converge vers celle des pays développés. Il s'agit des économies dans lesquelles la dynamique de croissance permet de sortir de la spirale du sous-développement.

Le contour des stratégies mises en œuvre dans les pays devenus émergents, permet d'identifier les facteurs susceptibles de faire avancer un pays vers l'étape de l'émergence économique.

Tout d'abord, les pays devenus émergents ont profité de l'évolution du contexte économique à partir du milieu des années 80 caractérisée par l'accroissement de l'intégration internationale des économies, la libéralisation des mouvements de capitaux, l'apparition de Nouvelles technologies de l'information et de la communication (NTIC).

Ensuite, le maintien d'une croissance forte et régulière pendant près de 40 ans, a permis de multiplier par huit, voire plus, le revenu par habitant dans certains pays de l'Asie du Sud-Est. Ce succès sans précédent, historique ou géographique, a été le produit d'un premier groupe de stratégies qui suivent :

2.1 La stabilité macroéconomique

La plupart du temps, la stabilité macroéconomique a permis d'éviter à la fois l'inflation et le niveau très élevé du chômage. Sans stabilité macroéconomique, le secteur privé ne peut pas se développer. Cette stratégie implique que les gouvernants fassent preuve de responsabilité en matière budgétaire, en évitant notamment les déficits considérables qui sont susceptibles de rendre les finances publiques insoutenables avec des conséquences néfastes sur l'économie. Globalement, le pays doit mettre en place des politiques économiques basées sur des règles afin d'ancrer les anticipations des agents économiques. Il s'agit notamment de « la politique monétaire de règle », à l'instar de la règle de Taylor (1993), et de la politique budgétaire de règle telle que les règles budgétaires en vigueur dans la Zone euro, en Angleterre et dans bien d'autres pays. Il serait toutefois judicieux de privilégier les politiques budgétaires contracycliques en raison de leurs effets qui renforcent ceux des stabilisateurs automatiques.

De telles règles à long terme sont censées rendre les finances publiques soutenables. En matière de politique monétaire, en phase basse du cycle, il est préconisé d'adopter une politique expansive ou accommodante (accroissement de la quantité de la monnaie, baisse du taux d'intérêt, dépréciation de la monnaie). En phase haute du cycle, les politiques monétaires restrictives ou inflationnistes doivent être appliquées (baisse de la croissance de la quantité de monnaie, hausse du taux d'intérêt et appréciation de la monnaie) pour prévenir l'inflation. Cependant, en période de crise financière et économique, les politiques monétaire et budgétaire non conventionnelles doivent être mises en œuvre. Il s'agit des mesures discrétionnaires qui doivent être prises à temps, ciblées et temporaires.

La relation entre le déficit budgétaire et le déficit du compte courant doit être analysée afin de mettre en place les politiques économiques appropriées.

2.2 La politique industrielle

Pour entamer leur rattrapage, les grands pays émergents tels que la Chine, l'Inde, le Brésil et la Russie avaient mis en œuvre des politiques industrielles très actives, visant à faire émerger des firmes internationalement compétitives dans pratiquement tous les secteurs industriels, en utilisant toutes les armes à leur disposition. Parmi ces armes, figuraient la protection de leur marché intérieur, l'incitation aux investissements directs des firmes globales et aux « joint-ventures » avec les firmes locales pour transférer les savoirs et les savoir-faire, l'irrespect des normes étrangères sur la propriété intellectuelle, les subventions et le financement bancaire privilégié, c'est-à-dire le financement bancaire à des taux d'intérêt bonifiés. La politique industrielle a connu un essor favorable en raison de la création des Zones économiques spéciales (ZES), avec une fiscalité très incitative.

2.3 Des taux d'épargne élevés

Les pays devenus émergents ont disposé d'un taux d'épargne de plus de 25% qu'ils ont investi de façon massive. En effet, une étude réalisée par Georges NGANGO dans les années 70 sur le financement du développement de l'Occident a montré que 70% des ressources financières provenaient de l'épargne nationale et 30% de l'aide extérieure.

2.4 Un investissement judicieux de l'épargne

Ces pays ont bien investi leur épargne. Il s'agit d'une utilisation adéquate et efficace de l'épargne en vue de stimuler la croissance.

2.5 Des investissements élevés en éducation

Ces pays ont mis l'accent sur l'éducation des femmes. Cette stratégie leur a permis de disposer à terme d'une main d'œuvre hautement qualifiée, capable d'assimiler les nouvelles technologies. De façon générale, moins les femmes ont fait des études, plus elles ont d'enfants car elles sont sans doute moins informées sur les méthodes de planning familial. En revanche, plus les femmes sont éduquées, moins elles ont d'enfants.

Les investissements importants en matière d'éducation ont permis l'amélioration de la productivité, ce qui a été à l'origine des taux de croissance élevés. Cette amélioration provenait également d'une réallocation intersectorielle du travail.

2.6 Des investissements massifs en matière technologique

Ce qui fait la différence entre les pays développés et les pays moins développés, ce n'est pas seulement le manque de capital physique mais aussi « l'écart » dans les connaissances technologiques. Ainsi, les pays de l'Asie de l'Est ont mis en place des politiques ambitieuses dans le domaine de la technologie afin de combler cet écart de connaissances technologiques. Ils y sont parvenus de façon remarquable. Pendant les années 90, les étudiants de Singapour et de quelques autres pays de l'Asie de l'Est ont régulièrement obtenu de meilleurs résultats que les étudiants américains en mathématiques et en sciences lors des tests standards. Certains pays comme Singapour ont encouragé les entreprises étrangères à effectuer des investissements directs, ce qui leur a permis d'accéder aux marchés étrangers et aux nouvelles technologies.

D'autres pays, comme la Corée du Sud, se sont surtout investis dans l'obtention des licences relatives aux nouvelles technologies industrielles venant des pays plus avancés.

Les nouvelles technologies industrielles se résument en cinq points au moins :

- la fabrication des moules par commande numérique ;
- l'usinage des pièces par commande numérique ;
- la robotique et reconnaissance visuelle ;
- la mécatronique ;
- la chaine de production assistée par les robots et les caméras.

2.7 La stabilité politique et sociale

Elle fournit un environnement propice à l'investissement. Les politiques publiques ont eu pour objectif explicite de promouvoir ce type de stabilité. Par exemple, les Etats ont exercé des pressions sur les responsables économiques pour qu'ils limitent les différences de salaire.

Les résultats obtenus en Asie de l'Est ont été si impressionnants que l'on s'y réfère souvent en parlant du miracle de l'Asie de l'Est. Certains pensent toutefois que cette croissance n'a rien de miraculeux. Elle peut fort bien s'expliquer à l'aide d'une analyse économique standard. En effet, de forts taux d'épargne, un investissement élevé, aussi bien en capital fixe qu'en éducation, et un niveau de connaissances important ont fait partie des recettes types. Ce qui est cependant incompréhensible, c'est qu'aucun autre groupe de pays n'ait réussi à trouver de bonnes politiques publiques pour restaurer la stabilité macroéconomique, et à mettre en place des institutions fortes, notamment des institutions financières permettant de bien allouer le capital disponible.

Outre les stratégies de développement, précédemment évoquées, un deuxième groupe de stratégies qui ont été mises en œuvre en Asie de l'Est méritent d'être explicitées. Il s'agit notamment des sept stratégies suivantes : le rôle de l'Etat, la croissance tirée par les exportations, les échanges Sud-Sud, l'intégration des marchés de capitaux émergents à la finance globalisée, l'afflux des capitaux étrangers, les politiques égalitaristes et la qualité du leadership politique.

a. Le rôle de l'Etat

Les réformes engagées dans les pays de l'Asie de l'Est ont été marquées par un rôle important de l'Etat qui, par l'intermédiaire de la politique industrielle ou du rôle des entreprises publiques, a accompagné le développement des marchés. Ces pays ont su préserver l'équilibre entre le rôle de l'Etat et celui du marché. Ils ont conduit des politiques axées sur le marché et favorables au développement du secteur privé. Ils ont cherché à augmenter le volume des échanges et à *orienter* le marché. Par ailleurs, ils ont pris des mesures pour stimuler l'épargne qui avait atteint des taux souvent supérieurs à 25%. Au Japon, plus d'un tiers de cette épargne était placé sur des livrets dans des banques postales créées par le gouvernement. À Singapour, le gouvernement a mis en place une caisse de prévoyance, à laquelle tous les salariés étaient obligés de verser 40% de leurs revenus.

Les gouvernements ont également agi sur l'allocation du capital de multiples façons. Ils ont par exemple dissuadé les banques de consentir des prêts immobiliers et des prêts pour l'achat de biens de consommation durables. Cela a entraîné une hausse des taux d'épargne privés et découragé la spéculation immobilière, qui est souvent un facteur de déstabilisation de l'économie. Par conséquent, il y avait davantage de fonds disponibles pour des investissements dans des activités axées sur la croissance, en particulier pour l'achat de nouveaux équipements. De plus, les gouvernements ont créé des banques de développement afin de promouvoir les investissements à long terme dans des secteurs comme la construction navale, la sidérurgie et l'industrie chimique. Ces interventions ont été plus controversées et leur réussite a été intégrale. Par exemple, les aciéries de Taïwan et de Corée figurent parmi les plus performantes du monde. Mais les gouvernements coréen et japonais ont aussi pris un ensemble d'initiatives, plus ou moins heureuses, en vue d'encourager certaines industries, notamment dans le domaine des microprocesseurs. Au début des années 90, le Japon semblait totalement dominer le marché sur ce domaine.

En effet, après la seconde guerre mondiale, le Japon avait reconstruit son industrie en le protégeant. Le célèbre ministère de l'Industrie et du commerce extérieur sélectionnait deux ou trois « champions nationaux » par branche. Il organisait entre eux une féroce compétition sur le marché intérieur et octroyait des aides en matière de recherche et d'innovation. Une fois ces champions nationaux devenus compétitifs, il les autorisait à se lancer à la conquête des marchés mondiaux.

À la fin des années 80 et au début des années 90, une série d'accords conclus entre le Japon et les Etats-Unis ont abaissé les droits de douane et permis aux entreprises américaines d'accéder au marché japonais. Ces modifications ont contribué à niveler les conditions de la concurrence. Ainsi, les producteurs américains, comme Intel, ont profité de leur avantage comparatif dans la production des microprocesseurs pour retrouver leur leadership dans ce domaine. On a aussi souvent pris comme symbole des dangers de l'intervention étatique, la tentative manquée du Japon de décourager Honda, producteur de motocyclettes, d'entrer sur le marché de l'automobile sous prétexte qu'il y avait trop de producteurs dans ce secteur.

Par ailleurs, l'Etat dans ces pays a joué pleinement le rôle de coordination des agents décentralisés. En effet, un investisseur isolé ne peut que difficilement engendrer une demande suffisante, car la Loi de Say ne peut pas fonctionner. En absence de coordination a priori des agents décentralisés, chaque entrepreneur n'investira que si les autres investissent. Pour chaque investisseur, les investissements des autres constituent des économies externes.

Dans ces conditions, besoin est de trouver un mécanisme capable de coordonner les anticipations des investisseurs décentralisés. Il revient donc à l'Etat de jouer ce rôle. L'Etat doit coordonner les décisions d'investissements pour permettre les investissements simultanés dans plusieurs secteurs. Par conséquent, chaque nouvelle production sera absorbée par la demande créée par les revenus distribués par les autres investisseurs. Ce qui rend fonctionnelle la Loi de Say.

Globalement, l'Etat dans les pays de l'Asie du Sud-Est avait décidé des changements structurels : rénovation juridique et institutionnelle, passage d'un type de production agraire à un type de production industrielle, ouverture au marché mondial des produits et services et aux flux internationaux de capitaux, création de marché financier.

b. La stratégie de développement axée sur la croissance tirée par les exportations

Cette stratégie concerne, la place accordée aux exportations. Lorsqu'une stratégie de croissance repose sur les exportations, on dit qu'elle est tirée par les exportations[9], par opposition à la politique de substitution aux importations. Les entreprises sont incitées à exporter de plusieurs manières, en disposant notamment d'un meilleur accès au crédit, souvent à des taux subventionnés.

Dans la stratégie de croissance tirée par les exportations, les entreprises produisent en fonction de leur avantage comparatif à long terme. Il ne s'agit pas de l'avantage comparatif actuel, reposant sur les compétences et les ressources présentes, mais d'un avantage comparatif dynamique, où l'amélioration des compétences de la productivité résulte de l'expérience de la production : avantage fondé sur les compétences acquises, la technologie et la reconnaissance de l'importance de l'apprentissage sur le terrain.

Quand un pays en développement exporte, la demande de ses produits n'est pas limitée par le faible revenu de ses citoyens, car il a le monde entier pour marché. Ceux qui sont favorables à une croissance tirée par les exportations sont une source de concurrence qui stimule fortement l'efficacité et la modernisation. Pour une entreprise, le seul moyen de sortir gagnante face à la concurrence internationale est de répondre à la demande des consommateurs en mettant sur le marché des produits de qualité au plus faible coût. Cette concurrence intense incite certaines entreprises à se spécialiser dans des zones où les salaires sont bas et dans les pays en développement ayant un avantage comparatif, notamment pour les

[9] Il s'agit de la croissance tirée par les exportations.

produits qui demandent une main d'œuvre importante, avec une forte intensité de travail. Enfin, les stratégies de croissance tirée par les exportations ont facilité le transfert de hautes technologies. Les producteurs exportant vers les pays développés n'entrent pas seulement en contact avec des producteurs efficaces dans ces pays, mais apprennent également à adapter leurs normes et leurs techniques de production.

c. Le développement des échanges Sud-Sud

La mondialisation a remis en cause certains paradigmes qui fondaient l'économie du développement, notamment le clivage Nord/Sud, le centre et la périphérie. Le basculement du monde et la montée en puissance des pays émergents ainsi que les relations croissantes Sud-Sud ont modifié la donne au niveau des politiques préconisées et des moyens de les mettre en œuvre. Le Consensus de Pékin s'est posé en concurrent de celui de Washington.

L'ouverture économique qui a accompagné la croissance économique dans les pays devenus émergents a permis le développement des échanges Sud-Sud. Entre 1994 et 2008, la part de la Chine et de l'Inde dans le commerce mondial est passée de 12% à 21,5%. La Chine et l'Inde cherchent à reconquérir leur place dans l'économie mondiale. En effet, avant les années 1500, la Chine était la première économie du monde en termes de PIB. En 1700, elle représentait 22,3% du PIB mondial, l'Inde 24,4% et l'Europe 24,9%. Outre le taux de croissance, le critère le plus pertinent est celui de l'intégration à l'économie mondiale. Cette intégration ne doit pas seulement se faire au travers des exportations de biens et services mais également en matière financière et ce, par l'ouverture des marchés intérieurs aux investisseurs étrangers et par l'existence d'investisseurs nationaux intervenant à l'étranger. Toutefois, le ratio d'ouverture varie selon les pays : de 11% à 55% en Amérique latine, et de 50% à 70% en Asie. Singapour et Hong-Kong ont cependant des ratios d'ouverture dépassant largement les 100%, grâce à leur rôle de plaque tournante commerciale.

d. L'intégration des marchés de capitaux émergents à la finance globalisée

Au début des années 1980, aux flux de capitaux Nord-Nord, essentiellement du Japon et de l'Allemagne vers les Etats-Unis, vont s'ajouter des flux Nord-Sud financés par un excédent d'épargne dans les pays du Nord à destination des pays en croissance rapide ayant de forts besoins de financements.

Après la crise des dettes souveraines des années 1980, les pays en développement se sont enfoncés dans la crise. Malgré les programmes de rééchelonnement de leur dette mis en œuvre sous l'égide du FMI, les mesures d'assainissement budgétaire imposées en contrepartie ont exercé des effets récessifs sur l'activité ; les dévaluations répétitives ont ruiné la demande nationale ; les politiques monétaires restrictives ont conduit à un effondrement de l'investissement national. De plus, malgré de nouveaux financements bancaires dans le cadre de plans concertés avec le FMI (Plan Baker de 1985), ces pays ne retrouveront pas le chemin de la croissance et le poids de leur dette ne cessera d'augmenter, conduisant les banques créancières à constituer d'importantes provisions pour des créances douteuses et supprimer les prêts à ces Etats.

Il fallait attendre les programmes de réduction des dettes concertées dans le cadre du Plan Brady de 1989 et la mise en œuvre de réformes structurelles d'inspiration libérale pour permettre à ces pays, que l'on nomme dès lors « pays émergents », d'accéder à nouveau aux financements internationaux et à la croissance. Le Plan Brady organise notamment une conversion des dettes bancaires, essentiellement des crédits internationaux, en dettes obligataires : les « Brady bonds »[10] assortis de garanties. Ces titres, librement négociables, conduiront à la création d'un marché international des titres des pays émergents. À la recherche de rendements, les investisseurs étrangers, qui opèrent déjà sur des marchés globalisés (entre pays développés), investissent plus facilement, d'autant plus que les taux sont en baisse aux Etats-Unis depuis mi-1989, les marchés européens déprimés par la crise immobilière de la fin des années 80 et les capitaux libérés par la réduction des déficits publics en vue de la préparation de la monnaie unique[11]. Le Plan Brady a donc permis de faire émerger une nouvelle finance pour les pays émergents ; ils se financeront davantage par les émissions de titres et moins par les crédits ; les emprunteurs ne seront plus seulement publics mais aussi privés et les prêteurs ne seront plus essentiellement les banques mais aussi les investisseurs institutionnels qui joueront un rôle croissant.

---

[10]Les garanties dont étaient assortis ces titres expliquent que les banques créancières aient accepté d'échanger les crédits douteux qu'elles détenaient sur le Mexique contre des Brady bonds d'échéance plus longue et à des taux inférieurs à ceux du marché. Ces Brady bonds étaient donc plus liquides, puisque négociables, et plus sûrs que les crédits, puisqu'assortis d'une garantie. S'agissant de la restructuration de la dette du Mexique, la garantie apportée était constituée par des bons du trésor américain dans lesquels le Mexique avait investi. Ils avaient été déposés à la Fed pour servir en cas de défaut du Mexique sur les Brady bonds.

[11]Le traité de Maastricht de 1992 fixe notamment comme condition à l'intégration dans la zone monétaire un critère en matière de dette publique, qui ne doit pas dépasser 60% du PIB, et de déficit budgétaire, qui ne doit pas dépasser 3% du PIB. En vue du passage à la monnaie unique, les Etats vont freiner leurs déficits, donc leurs émissions de dettes, freinant ainsi les opportunités d'investissement.

Les réformes structurelles entreprises dans ces pays ont quant à elles permis de libéraliser l'économie et la finance, conformément à la doctrine du Consensus de Washington. Concernant la finance, les obstacles au fonctionnement du marché et aux mouvements de capitaux ont été supprimés : les intermédiaires financiers, notamment bancaires, ont été privatisés et leur capital ouvert aux investisseurs étrangers ; l'encadrement du crédit et les taux réglementés sur les crédits supprimés ; les marchés de capitaux modernisés et libéralisés ; les contrôles des changes supprimés. Ces mesures ont rendu possible l'accès des investisseurs internationaux. Des réformes monétaires ont été entreprises pour maitriser l'inflation, voire l'hyperinflation dans les pays d'Amérique latine, et redonner une crédibilité à la banque centrale et une confiance dans sa monnaie. Ces réformes reposaient sur l'adoption de régimes de changes fixes, voire sur la mise en place d'une nouvelle monnaie (comme dans le cas du Brésil), et ont fait naitre une croyance chez les investisseurs dans la stabilité du change qui a attiré les capitaux internationaux.

La libéralisation bancaire et financière a permis d'ouvrir les marchés de capitaux émergents et de les intégrer à la finance mondiale. L'adoption de régimes de changes fixes et les rendements atones dans les pays développés les ont rendus attractifs et ont fait naitre une sorte d'euphorie financière chez les investisseurs expliquant leur essor.

e. L'afflux des capitaux étrangers

Il a résulté du développement d'une activité financière génératrice de croissance, à savoir : la titrisation des dettes, la levée des restrictions des avoirs détenus par les étrangers, la privatisation et la capitalisation boursière, les prises de participation boursière, les prises de participation en portefeuille grâce aux apports des investisseurs institutionnels (compagnie d'assurance, fonds de pension, etc.).

L'afflux des capitaux internationaux avait permis aux emprunteurs des pays émergents de s'endetter massivement à l'extérieur pour financer leur croissance. C'est particulièrement le cas des banques émergentes qui vont très largement emprunter en dollar et à court terme sur des marchés globalisés, rassurées par la stabilité du change, pour financer l'économie locale en monnaie nationale et à moyen et long terme. L'intégration des systèmes bancaires et des marchés, à l'échelle mondiale, permet aux capitaux du Nord de financer les économies du Sud, par l'intermédiaire des banques locales. On voit dès lors poindre la fragilité du système : en cas de rupture du change et/ou de retournement brutal des flux de capitaux, ces pays subiront une crise de liquidité. C'est exactement ce qui s'est produit pendant la crise mexicaine de 1994-95, asiatique de 1997, russe de 1998 ou encore argentine de 2001.

Si la première étape de la globalisation financière correspond à la nécessité de recycler l'abondance de liquidités liée aux chocs pétroliers, les étapes suivantes correspondent à l'adaptation d'un système aux besoins de financement des économies : le creusement des déficits des pays développés dans les années 70 a conduit à l'intégration de leurs marchés de capitaux nationaux par la libéralisation et la multiplication des innovations financières ; la nécessité des pays en développement de renouer avec la croissance après la crise des dettes souveraines des années 80 a conduit à la libéralisation de leurs marchés de capitaux et à leur intégration à une finance mondialisée. Dès lors que tous ces marchés ont été intégrés, ils constituent les compartiments, non cloisonnés, d'un marché mondial de capitaux sur lequel les capitaux peuvent circuler sans entrave, aidés en cela par les nouvelles technologies de l'information et de la communication. Les émetteurs peuvent lever des fonds sur ces différents compartiments avec une large gamme de supports, d'échéances, de formules et de devises. Les investisseurs peuvent eux aussi se déplacer très rapidement, arbitrant entre différents compartiments, différents supports, différentes devises en continu, puisque ce marché fonctionne 24h/24, et créant parfois des mouvements déstabilisateurs qui peuvent être à l'origine d'une crise. Et parce que la finance internationale a changé de nature entre 1970 et 1990, les crises financières évolueront avec elles, reflétant ces transformations.

f. La réduction des inégalités

Elle est un autre aspect propre aux stratégies de développement des pays devenus émergents. Il s'agit notamment de l'accent mis sur l'égalité. Les exemples des politiques mises en œuvre dans ce cadre sont relativement nombreux : le programme d'accès à la propriété immobilière de Singapour; l'éducation primaire et secondaire pour tous, y compris les femmes, dans la quasi-totalité des pays, les programmes de redistribution des terres qui ont marqué le point de départ de la croissance dans plusieurs pays, dont Taïwan et le Japon. Dans la plupart de ces pays, les gouvernements ont également cherché à réduire les inégalités salariales excessives et la consommation ostentatoire des classes riches. Leur expérience a prouvé que l'on pouvait avoir des taux d'épargne élevés sans devoir recourir à des gouvernements autoritaires de type soviétique ni souffrir d'inégalités trop criantes. Les mesures destinées à renforcer l'égalité ont favorisé la croissance économique. Les réformes agraires ont permis d'accroître la production agricole et l'élévation du niveau d'éducation a augmenté directement la productivité et facilité l'importation et l'appropriation de technologies plus avancées. L'accès plus large des femmes à l'éducation a eu pour effet favorable une diminution des taux de croissance démographique.

Par ailleurs, les enseignements de « la nouvelle économie géographique » (KRUGMAN, 2008) et les réussites de certains pays émergents ont conduit à la prescription de politiques actives de construction des avantages compétitifs. La protection par les normes sociales, environnementales ou phytosanitaires est devenue plus importante que celle effectuée via les droits de douane. Les nouvelles recommandations pour les pays en développement reposent sur un mélange entre des politiques d'équilibrage macroéconomique et financier, des politiques industrielles, des protections flexibles et des mesures destinées à attirer les investissements et donc les technologies étrangères. La priorité est de sortir des *spécialisations appauvrissantes* liées à la *reprimarisation* des économies et à la *malédiction des ressources naturelles.*

g. La qualité exceptionnelle du leadership politique

À l'instar de Lee KWAN YEW, premier Premier ministre de la République de Singapour de 1959 à 1990, la qualité du leadership politique s'est imposée dans les pays devenus émergents. En effet, ces pays avaient mis l'accent sur l'ordre, l'obéissance, la discipline, la lutte contre la corruption, la lutte contre le clientélisme, la lutte contre le tribalisme et la ségrégation sociale. Le contrôle et la sanction ont constitué la qualité exceptionnelle du leadership politique. Sanctionner sans état d'âme a été au centre du succès du leadership politique. Les intérêts de la nation ont été placés au-dessus de ceux des dirigeants, des membres de familles des dirigeants. Pour ce faire, les dirigeants ont eu l'obligation de déclarer leurs biens avant d'accéder à une nouvelle fonction, l'obligation de rendre compte chaque fin d'année et étaient jugés en fonction de leurs résultats. Il s'agit de l'application du système de la Gestion axée sur les résultats (GAR). Dans ces conditions, le leadership politique est basé sur la budgétisation par objectif et par une capacité managériale des responsables. Au finish, la qualité exceptionnelle du leadership est de changer le logiciel mental de la population par des comportements tournés vers le progrès, ce qui a un impact positif direct sur la qualité de la gouvernance politique, administrative, économique et sociale.

À la lumière de ce qui précède, les stratégies de développement mises en œuvre par les pays de l'Asie du Sud-Est se résument globalement en quatorze (14) mesures, à avoir :

- la stabilité macroéconomique ;
- la politique industrielle ;
- les taux d'épargne élevés ;
- les investissements élevés en éducation ;
- l'investissement judicieux de l'épargne ;
- les investissements massifs en matière technologique ;
- la stabilité politique et sociale ;
- le rôle rénové de l'Etat ;
- la stratégie de développement axée sur les exportations ;
- le développement des échanges Sud-Sud ;
- l'intégration des marchés de capitaux nationaux à la finance globalisée ;
- le financement de l'économie par les marchés financiers internationaux et l'afflux des capitaux étrangers ;
- la réduction des inégalités ;

– la qualité exceptionnelle du leadership politique.

Le contour des expériences des pays devenus émergents permet de dégager deux principaux enseignements.

Premièrement, les stratégies de développement appliquées dans les pays devenus émergents sont différentes de celles des anciens pays socialistes qui attribuaient un rôle central à l'Etat dans la planification du développement.

Deuxièmement, les stratégies de développement mises en œuvre dans les pays devenus émergents ont été également différentes de celles préconisées par le Consensus de Washington qui consistaient à sommer les Etats de privatiser et de libéraliser, de vendre leurs entreprises publiques et de supprimer toute forme d'intervention. Ces politiques associées à une politique de stabilité macroéconomique au cours des années 80, n'ont guère donné de meilleurs résultats.

Au milieu des années 90, il était devenu de plus en plus évident que ni le Consensus de Washington, ni la planification dominée par l'Etat était d'une grande utilité.

Le succès des pays devenus émergents, et particulièrement celui des pays de l'Asie de l'Est, résulte à la fois de leur croissance et de la façon dont ils sont parvenus à réduire la pauvreté. Certes les marchés étaient au centre du développement mais l'Etat conservait un rôle vital comme catalyseur du changement et comme instrument permettant de mieux faire fonctionner les marchés, de transformer l'économie et la société par l'éducation et le progrès technologique et de réguler l'économie afin qu'elle se comporte de manière plus satisfaisante.

Outre ces deux principaux enseignements, l'autre enseignement tiré est que le concept d'une économie émergente comprend un aspect économique et financier et constitue une importance avérée sur le plan géostratégique, en termes de puissance.

Comparativement à notre contour de l'expérience des pays d'Asie du Sud-Est, Kitsoro Firmin KINZOUNZA (2016), synthétise en trois axes les principales stratégies de développement mises en œuvre par les pays d'Asie devenus émergents, comme l'indique le tableau n°1 suivant.

Tableau 1 : Principales stratégies du développement des pays émergents d'Asie

Rubriques	Contenu
1. Existence d'un leadership politique transformationnel	1.1. Plans stratégiques de développement sur 10 à 20 ans ; 1.2. Stratégie nationale d'émergence économique ; 1.3. Choix des secteurs stratégiques / prioritaires ; 1.4. Mise en place des instruments de Gouvernance politique ; 1.5. Implication du système de l'Enseignement supérieur (universités écoles d'ingénieurs et des Centres de recherche) au processus d'émergence économique ; 1.6. Implication de l'administration publique au processus d'émergence économique ; 1.7. Mécanisme de stratégie politique et institutionnelle ; 1.8. Mécanisme de financement hors budget des projets des secteurs prioritaires / stratégiques (ex : recours au BOT) ; 1.9. Diversification des activités bancaires ; 1.10. Logiciel mental collectif pétri de patriotisme économique.
2. Mesures en faveur du secteur privé national	2.1. Politique monétaire « non répressive » (ex : taux

	d'intérêt bas sur une longue période) ; 2.2. Subvention des crédits aux entreprises privées nationales intervenant dans les secteurs stratégiques / prioritaires ; 2.3. Soutien du Gouvernement aux activités de capital risque ; 2.4. Encouragement des activités intensives en technologies industrielles ; 2.5. Protection des industries d'import – substitution ; 2.6. Soutien à la création des technopoles et des incubateurs des entreprises ; 2.7. Création d'une Agence de promotion des exportations ; 2.8. Soutien aux activités de secteur primaire (ex : agriculture, élevage, aquaculture, etc.) ; 2.9. Création d'une classe moyenne ou d'un marché intérieur ; 2.10. Création d'un mécanisme d'intelligence économique au service des entreprises privées nationales intervenant dans les secteurs stratégiques.

3. Mesures en faveur du secteur privé étranger	3.1. Création de Zones économiques spéciales ; 3.2. Création d'un marché financier ; 3.3. Amélioration continue du climat des affaires ; 3.4. Mesures fiscales favorables.

Sources : KINZOUNZA Kitsoro Firmin, *Le logiciel mental, facteur déterminant de l'émergence des pays africains*, Cesb Presses, 2016, (coll. Thème A).

À la lumière de ce qui précède, l'émergence économique trouve ses fondements dans l'histoire de la pensée économique car elle est constituée de deux étapes : le décollage et le rattrapage, c'est à dire la convergence. N'étant pas le fruit d'un hasard, un certains nombres de stratégies nécessitent d'être mises en œuvre pour y arriver

Il s'agit dans un premier temps de la mise en œuvre des conditions préalables à l'émergence, et dans un second temps, des conditions de l'émergence économique, c'est-à-dire les conditions préalables au développement et le décollage.

II. Les Conditions préalables à l'émergence économique ou le décollage économique

Les pays candidats à l'émergence devront tout d'abord concevoir et mettre en œuvre un programme de pré-émergence, c'est-à-dire de décollage économique.

Dans l'histoire de la pensée économique, les conditions préalables au démarrage sont caractérisées par l'ouverture de la société au changement, l'émancipation des individus en s'affranchissant des croyances et du carcan féodal, la création des entreprises, l'extension de la formation et l'accélération du progrès technique. À cet égard, les conditions préalables à l'émergence économique peuvent s'articuler autour des sept (07) critères suivants :

- la stabilité politique ;
- la qualité des ressources humaines ;
- la qualité des institutions et de la gouvernance ;
- la qualité du cadre juridique ;
- la qualité du leadership politique ;
- le dynamisme économique et l'attractivité des IDE ;
- la promotion de l'image du pays à l'extérieur.

1) La stabilité politique

La stabilité politique est un élément important qui est pris en considération par les investisseurs qui veulent s'implanter à l'étranger, surtout lorsqu'ils envisagent de s'installer dans un pays de l'Afrique au Sud du Sahara.

La stabilité politique offre un bon cadre de vie et constitue une condition de sécurité des investissements. Par ailleurs, elle garantit la production des biens, le partage de richesses ainsi que la libre circulation des personnes, des capitaux et des biens.

La stabilité politique apparaît comme un élément réducteur d'incertitude. Elle est donc un aspect déterminant de la croissance économique.

Si l'on se réfère à ALESINA et PEROTTI (1994) pour cerner la notion de stabilité politique, ces auteurs la définissent et l'apprécient de deux manières :

– par rapport aux évènements politiques et sociaux, comme les émeutes, les manifestations politiques contre les gouvernements ou les assassinats politiques ;
– par rapport aux renouvellements des dirigeants politiques, comme les chutes de gouvernements ou la fréquence de changements de gouvernements.

2) La qualité des ressources humaines

Les conditions préalables au démarrage sont entre autres caractérisées par l'ouverture de la société au changement et à l'émancipation des individus. À cet effet, l'homme étant au centre de tout, la qualité des ressources humaines améliore les comportements et les mentalités des populations. Une population bien formée se comporte mieux que celle non formée ou mal formée. Il s'agit du changement du logiciel mental qui désigne les changements de mentalités, d'habitudes, d'attitudes et des comportements (Kitsoro Firmin KINZOUNZA, 2016). Le changement du logiciel mental est fondé sur l'éthique et la déontologie professionnelle. Si l'éthique renvoie au patriotisme et au civisme, la déontologie est, en revanche, l'observation des règles établies par une profession donnée.

Le respect des horaires de travail est censé être au cœur du changement du logiciel mental. Pour les Européens en général et les anglais en particulier, le temps c'est de l'argent ; pour les Américains, il faut acheter le temps, alors que pour les Africains, il faut tuer le temps.

En Afrique, de façon générale, les personnes oisives cherchent à rendre visite aux autres avec pour objectif de perdre le temps, c'est-à-dire de tuer le temps alors que le temps est une denrée rare et précieuse qu'il faut gérer avec beaucoup de rationalité ; ce qui explique principalement le retard du développement de l'Afrique par rapport aux autres continents. Le logiciel mental en Afrique est alors en régression.

Les questions de corruption, de clientélisme, de patrimonialisme, de criminalités de l'Etat ou de mafias sont devenues des sujets centraux qui relativisent les frontières entre l'Etat et le marché, d'une part, et entre la chose publique et la chose privée, d'autre part.

L'économie de rente, la préférence pour le court terme, les comportements patrimoniaux, l'absence de contre-pouvoir et d'une société civile forte ainsi que la déliquescence de l'Etat, demeurent souvent des facteurs structurels essentiels qui bloquent l'intégration positive des pays pauvres à l'économie mondiale par un changement de spécialisation et une remontée en gamme de produits dans la chaîne de valeur internationale.

Au regard de ce qui précède, les facteurs sociaux, institutionnels et politiques sont déterminants pour expliquer l'échec ou la réussite des politiques économiques.

Le passage à l'émergence nécessite un changement radical de mentalité, c'est-à-dire la rupture avec le passé. Il s'agit de laisser la logique de l'accumulation des richesses au profit de celle de l'accumulation du capital au sens d'investissements destinés à réaliser des profits et à reproduire l'accumulation sur une échelle plus large. De fait, un accent particulier doit être mis sur l'ordre et la discipline, sur la responsabilité de la famille et de l'individu dans le développement économique et la construction de la nation, et ce, sous le contrôle strict de l'Etat qui doit imposer ses orientations et sanctionner positivement ou négativement les comportements.

Du point de vue de l'entreprenariat, la qualité des ressources humaines est une clé de pérennité des entreprises en ce sens qu'elle aide les entreprises à être responsables[12]. Toutefois, le passage à une économie dynamique suppose la présence d'un groupe actif d'entrepreneurs innovateurs ayant une perspective d'accumulation à long terme.

Les ressources humaines de qualité permettent de disposer d'une main d'œuvre qualifiée, à des coûts salariaux bas. Ce qui permet aussi de disposer d'un avantage comparatif, exploité par une spécialisation dans les biens destinés à des marchés extérieurs. Une adéquation entre formation et emplois devra être une exigence pour que la formation soit au service de l'emploi afin de favoriser le développement.

Pour améliorer la qualité des ressources humaines, l'Etat devra intervenir dans l'éducation et la recherche et ce, conformément au corpus théorique de la croissance endogène.

Les modalités d'intervention des gouvernements peuvent être directes, par le financement public, et/ou indirectes, par les incitations données aux agents privés.

---

[12]Cette responsabilité s'appuie sur quatre ingrédients : la citoyenneté à travers les actions sociales envers les personnes en difficultés ; le respect de l'environnement qui repose sur la maîtrise des risques de pollution, le recyclage des déchets ; la prévention des risques et le management des ressources humaines.

En matière d'éducation et de formation, le lien entre la performance de l'éducation et la productivité par tête est avéré depuis l'étude fondatrice de E. NELSON et R. PHELPS (1996). À cet effet, pour converger vers les pays développés, les pays en développement doivent investir dans l'enseignement primaire, secondaire et supérieur. Ils doivent également investir dans la recherche et l'innovation.

En s'appuyant sur l'expérience de Singapour, l'Etat doit consacrer au moins 20% de son budget au système d'éducation et de formation. L'accent doit être mis dès l'école primaire sur l'enseignement de l'anglais, des mathématiques et des sciences. Les meilleurs élèves doivent être repérés, ils doivent bénéficier de bourses d'études et être orientés vers les meilleures universités du monde.

En matière d'innovation, deux indicateurs permettent d'évaluer l'effort d'innovation d'un pays : le nombre de brevets déposés et le nombre d'articles publiés dans les revues de premier rang. Ainsi, les gouvernements doivent encourager les universités, les centres de recherche, la production des revues scientifiques. Les politiques publiques d'innovation sont de natures diverses, parmi lesquelles :

- les commandes publiques à contenu spécifique en recherche et développement ;
- les incitations aux entreprises à engager les ressources dans la recherche et développement ;
- les incitations fiscales pour que les ménages et les entreprises orientent leur épargne dans les secteurs innovants ;
- le financement des laboratoires de recherche par l'Etat.

L'Etat peut procéder aux appels d'offres pour la réalisation de certaines études relatives aux programmes de recherche arrêtés par le gouvernement.

Dans le contexte des pays en développement, la notion de capital humain va au-delà du niveau de qualification. Elle est étendue à l'alimentation et à la santé publique. C'est pourquoi les pays concernés doivent également s'engager dans l'amélioration de l'alimentation et la qualité des soins des populations.

Le pays qui consacre une part plus importante du capital humain disponible à la formation, accroit l'efficacité générale de son économie et renforce ainsi le potentiel de sa croissance.

Le pays qui s'engage dans la marche vers l'émergence économique doit envisager un secteur de production du capital humain générateur d'externalités (LUCAS R.E., 1988). Toutefois, le stock de connaissances incorporé dans un individu améliore évidement sa qualification et sa productivité.

La création des institutions de recherche, des écoles d'ingénieurs et de formation professionnelle, et des universités de qualité est censée contribuer à produire à bon prix, en raison des bas coûts du facteur travail[13]. Le pays doit ensuite s'assurer que le système éducatif est de qualité et qu'il forme une génération entière de gens qualifiés, intelligents, talentueux, productifs, conscients, obéissants et disciplinés. Il convient aussi de construire des hôpitaux de référence et promouvoir l'agriculture et l'élevage afin d'assurer une bonne alimentation à la population.

---

[13]La rémunération d'un expert local est beaucoup moins chère qu'un expert étranger

Les pays candidats à l'émergence doivent disposer d'une abondante main d'œuvre qualifiée et bon marché, mais aussi disposer des cadres susceptibles de concevoir les politiques économiques et sociales efficaces. Contrairement à la théorie néoclassique qui enseigne que la productivité détermine le niveau du salaire, c'est plutôt le niveau du salaire qui devra déterminer la productivité dans les pays candidats à l'émergence. En effet, pour qu'une bonne qualité des ressources soit productive, le niveau de salaire devra être élevé.

Il s'agira aussi de construire un système éducatif de qualité pour garantir l'avenir des jeunes. Les jeunes biens formés peuvent se prendre en charge par l'élaboration des projets d'investissement.

Pour éradiquer le chômage, après une bonne formation des jeunes, ils doivent s'insérer dans le monde professionnel. Pour ce faire, l'Etat devra créer les lignes de crédits bancaires à l'endroit des jeunes. Pour les pays disposant d'un fonds pour les générations futures, c'est ce fonds qui devra alimenter les lignes des crédits bancaires dédiés aux jeunes formés.

Pour permettre un bon encadrement des projets des jeunes, l'Etat devra créer ou solliciter les cabinets d'experts d'aide à l'élaboration des projets d'investissement. Mais aussi créer les structures privées qui auront la charge de la gestion financière de différents projets financés par ce fonds afin de permettre à chaque projet de générer les ressources nécessaires au remboursement du crédit. Ce n'est qu'après le remboursement complet du crédit que le jeune pourra lui-même disposer de la gestion financière de son entreprise. Il s'agit donc de former les jeunes, les aider à la création d'entreprises, les accompagner dans la gestion.

Le financement des projets des jeunes biens formés contribue à la croissance économique, au développement du pays et à la création des emplois.

Le modèle ADKAR, développé par Jeffrey M. HIATT en 2006, est dédié à la transformation du logiciel mental porteur des antivaleurs. Ainsi, pour changer le logiciel mental dans les pays de l'Afrique au Sud du Sahara, il est nécessaire de s'inspirer du modèle ADKAR. Kitsoro Firmin KINZOUNZA (2016)[14] décline l'acronyme ADKAR comme l'indique le tableau n°2 suivant :

---

[14] Cf. ouvrage « Le logiciel mental, facteur déterminant de l'émergence des pays africains », Cesbc Presses, 2016.

Tableau 2 : Déclinaison des étapes du modèle ADKAR

Etapes	Lettres de l'acronyme	Traduction en français
1. Awareness	A	Prise de conscience de la nécessité de la rupture, c'est-à-dire du changement.
2. Desire	D	Désir ou besoin de rupture, c'est-à-dire du changement.
3. Knowledge	K	Informations/savoirs sur l'objet et la nature de la rupture (ou du changement)
4. Ability	A	Capacité d'utilisation des informations et des savoirs en vue d'obtenir les changements souhaités.
5. Renforcement	R	Renforcement/consolidation des changements/résultats obtenus.

Source : KINZOUNZA kitsoro Firmin, *Le logiciel mental, facteur déterminant de l'émergence des pays africains,* Editions Cesbc Presses, Aubagne, France, 2016, p.79.

Le même auteur synthétise l'application du modèle ADKAR au changement du logiciel mental de la classe dirigeante comme l'indique le tableau 3 suivant :

Tableau 3 : Application du modèle ADKAR au changement du logiciel mental de la classe dirigeante.

Rubriques du modèle	**Contenu**	**Réponses aux questions**
1. La prise de conscience de la nécessité de devenir une classe dirigeante porteuse des valeurs de progrès.	1.1. Pourquoi le changement est-il nécessaire ?	1.1 Parce que la pauvreté a atteint un seuil intolérable en Afrique subsaharienne
	1.2 Pourquoi ce changement est-il nécessaire actuellement ?	1.2.1 Parce que les gouvernants africains veulent que leurs pays respectifs deviennent émergents d'ici 2000. 1.2.2 Parce que les printemps arabe pourrait faire des émules dans les espaces CEDEAO et CEMAC
	1.3 Qu'est ce qui n'est pas bon dans ce que nous, classe dirigeante, faisons actuellement ?	1.3.1 Nous méprisons les compétences nationales ;

		1.3.2 Nous négligeons l'expertise de nos universités ; 1.3.3 Nous ne faisons pas preuve de patriotisme économique ; 1.3.4 Nous sommes plus « ventriotes » que patriotes ; 1.3.5 Nous ne faisons pas grand-chose pour appuyer le secteur productif, notre université nationale et notre Administration publique.
2. Le besoin du changement	2.1 La nature du changement	2.1 Le changement doit porter sur la valorisation du

		secteur productif, de l'enseignement supérieur sous la forme de technologie et de l'Administration publique sous la forme d'Administration de développement
	2.2 Le contexte organisationnel du changement (environnement interne)	2.2. Les textes doivent mettre un terme à l'impunité (« Nul n'est au-dessus de la loi »).
	2.3 L'environnement externe	2.3. Les pays africains aspirent à devenir pays émergents en 2025 ; les dirigeants politiques doivent proposer des plans stratégiques pour accompagner
	2.4 La perception individuelle de la situation	2.4 La classe dirigeante a beaucoup à

		gagner dans le cadre du changement ; en effet : • les populations suivent les péripéties du printemps arabe ; • la communauté internationale ne tolère plus les dictatures ; • elle se sentira utile à la société en acceptant l'émergence économique ; • elle pourra conserver le pouvoir pendant longtemps.
3 Les savoirs nécessaires à l'application et la mise en œuvre du changement	3.1 Diffusion des connaissances relatives aux comportements nécessaires au passage à l'émergence économique.	3.1 Chaque institution doit mettre en place un dispositif d'accès à l'information sur le changement
	3.2 Formation des facilitateurs du passage	3.2 Chaque

	à l'émergence économique	institution doit organiser des compagnes de sensibilisation et de formation au nouveau paradigme d'émergence économique
4 Les capacités	4.1 Identification des obstacles au passage au stade d'émergence économique et clarification des nouveaux rôles de la classe dirigeante	4.1 Chaque institution doit créer les conditions favorables au changement de mentalités, d'attitudes, d'habitudes et de comportements. Ces conditions pourraient englober : • la réorientation des mobiles de l'activité économique et l'action politique ; • la création de centres destinés à transformer les

		logiciels mentaux de l'élite et des populations ; • des ateliers sur le patriotisme économique traduit en intervention économique de l'Etat (ou « Gouvernance des marchés » par l'Etat) ; • un mécanisme de coaching de la classe dirigeante.

Source : *Ibid.* p.47

3) La qualité des institutions et de la gouvernance

Selon l'acceptation la plus usitée, les institutions désignent les organisations formelles et informelles (valeurs, normes, coutumes, traditions), les procédures et le cadre réglementaire qui guident l'activité économique d'un pays.

Dans la théorie économique, les institutionnalistes tels que NORTH (1990), WILLIAMSON et al (2000), RODRICK (2002), ACEMOGHE et al (2004), soutiennent que les causes fondamentales de la croissance résident dans la qualité des institutions.

Les institutions de bonne qualité doivent combattre les problèmes d'exclusion qui renvoient souvent à des questions de statut, d'ethnie ou de caste. Dans les pays en développement, l'exclusion s'accompagne souvent d'accusation de sorcellerie. Pour combattre le problème d'exclusion, des institutions de Bretton-woods avaient conditionné l'éligibilité dans l'Initiative des pays pauvres très endettés (IPPTE) par l'élaboration du document stratégique de réduction de la pauvreté (DSRP) fondé sur la croissance pro-pauvre, afin que les plus pauvres bénéficient plus que les autres couches de la population des fruits de la croissance.

Cette approche a été peu à peu laissée de côté au profit de la croissance qui peut bénéficier potentiellement à l'ensemble de la population[15] et non seulement aux pauvres. En effet, se focaliser uniquement sur les pauvres peut-être réducteur, voire contre-productif, car des catégories de la population au-delà du seuil de pauvreté se trouvent aussi dans des situations précaires ou, comme les classes moyennes, jouent un rôle spécifiquement positif pour le développement.

Par ailleurs, selon les partisans de la Nouvelle école institutionnaliste (NEI), il existe une relation entre institution et coûts de transactions. Les bonnes institutions sont celles qui minimisent les coûts de transactions et accroissent ainsi l'efficacité globale de l'économie. En effet, les coûts de transactions peuvent empêcher certains marchés de se constituer.

Dans les travaux empiriques, le rôle des institutions a été bien mis en évidence par KAUFMANN et al. (2005), en se fondant sur l'élaboration d'un indicateur synthétique de la bonne gouvernance (mesurant la qualité des institutions), et en incluant les droits humains et démocratiques, la stabilité politique et l'absence de violence politique, l'efficacité du gouvernement, la

[15]Il s'agit de la croissance inclusive.

simplicité et la rapidité des procédures administratives, le respect des règles de droit et la lutte contre la corruption. Les institutions de qualité sont le garant des droits de propriété et de la stabilité politique.

Enfin, les institutions doivent être capables de protéger le territoire national contre les attaques extérieures, souvent organisées pour l'exploitation illicite des mines et d'autres richesses.

Globalement, les institutions exercent un impact significatif sur la croissance économique future, en ce qu'elles favorisent la durabilité de bonnes pratiques en matière de politique économique. De plus, les institutions de qualité permettent de réduire la volatilité de la croissance et facilitent donc la réalisation des objectifs économiques et sociaux dans un pays.

La qualité des institutions dépend de la volonté politique. En effet, la classe dirigeante et les hommes politiques doivent se soumettre aux lois et règlements de la République. Dans les pays en développement, le constat est tel qu'il arrive souvent que les dirigeants n'acceptent pas que les textes régissant le fonctionnement du pays s'appliquent également à eux. À titre d'exemple, le refus de ces derniers de déclarer leurs revenus : ce qui est source d'une mauvaise politique de redistribution de revenus avec des effets néfastes sur la croissance économique.

Les institutions de bonne qualité doivent pallier les difficultés du marché et promouvoir une concurrence pure et parfaite. Le modèle de la concurrence pure et parfaite s'appuie sur un ensemble cohérent de cinq hypothèses strictes qui s'énoncent de la sorte :

- l'atomicité du marché ;
- l'homogénéité du marché ;

- la transparence de l'information ;
- la libre entrée et libre sortie sur le marché ;
- la libre circulation des facteurs de production.

4) La qualité du cadre juridique

La qualité du cadre juridique concerne la mise en place d'un Etat fort.

Un Etat fort est décisif dans la bonne marche des affaires d'un pays et sa mise en place passe par :

- la rationalisation des procédures administratives liées à l'exercice des activités économiques et la lutte contre la corruption ;
- la promotion d'une administration publique compétente, intégrée, crédible et prévisible, accueillante et déterminée à favoriser le développement du secteur privé ;
- la mise en place d'un système juridique et judiciaire crédible, capable de faire appliquer la loi, dans l'équité et dans la transparence, en particulier de faire respecter les droits de propriété et les contrats ;
- l'application des sanctions à l'encontre des auteurs des délits économiques pour que l'ordre soit rétabli afin de contraindre les populations à adopter un comportement vertueux ;
- le respect des horaires de travail tant dans le secteur public que dans le secteur privé ;
- la répression sans état d'âme de tous les comportements déviants.

Ce critère est en réalité un complément du critère précédent.

5) La qualité du leadership politique

Ce critère concerne la crédibilité et la réputation des dirigeants politiques. La crédibilité et la réputation des dirigeants politiques sont des conditions qui sont supposées donner confiance aux investisseurs tant nationaux qu'étrangers ainsi qu'aux consommateurs nationaux et étrangers. Il s'agit des dirigeants qui ont une audience internationale, un carnet d'adresse très large, une grande capacité de maintenir ou d'instaurer la paix, une vision économique et politique à long terme et une crédibilité dans les milieux des hommes d'affaires nationaux et étrangers.

Un gouvernement doit être honnête, agir en temps réel et être efficace.

Les qualités de leadership est au centre de tout développement. Un leadership de qualité doit imposer un ordre capitaliste basé sur l'obéissance, la discipline face à l'entreprise et à l'Etat, et assurer la promotion de l'épargne des ménages. Il doit s'attaquer à la lutte contre la corruption par la mise en place d'une institution dotée de tous les pouvoirs pour investiguer, poursuivre et arrêter tout agent suspect de corruption. À cet effet, les armes, la drogue, les crimes violents et tout ce qui menace l'ordre social doivent être combattus. En utilisant de telles méthodes, Lee KWAN YEW (1959-1990) a fait passer son pays du tiers monde à un pays émergent. Ainsi, pendant 30 ans, Singapour a connu une croissance soutenue de 8% par an pour devenir en 2013, la 7ème économie la plus développée du monde.

De tels dirigeants politiques doivent faire des annonces de politique économique et sociale crédibles et temporellement cohérentes. Ce qui dénote leur bonne réputation.

À travers la crédibilité et la réputation des dirigeants politiques, suivront celles des institutions en vue de l'amélioration de l'image du pays. La promotion d'une bonne image à l'étranger doit être une préoccupation majeure pour les décideurs publics afin d'attirer les investisseurs étrangers.

6) Le dynamisme économique et l'attractivité des IDE

Pour pouvoir amorcer une dynamique de convergence future avec les pays riches, un pays en développement doit définir et mettre en œuvre une stratégie de développement en vue de promouvoir les investissements et les exportations.

La marche vers l'émergence soulève a priori la question de la capacité d'un pays à offrir aux entreprises un environnement favorable à leur fonctionnement et à leur développement, condition sine qua non de la croissance et de la création d'emploi.

Le passage à une économie dynamique suppose la présence d'un groupe actif d'entrepreneurs, d'innovateurs schumpétériens ou « essayeurs », (EASTERLY W., 2006). En effet, les pays qui sont des candidats à l'émergence économique doivent faire émerger une classe d'entrepreneurs ayant une perspective d'accumulation à long terme.

La définition et la mise en œuvre d'une stratégie de développement doivent, a priori, tenir compte de la mondialisation, qui offre autant d'opportunités que de contraintes.

L'objectif étant de décoller et de converger vers les économies avancées, les stratégies de développement à mettre en œuvre doivent se focaliser autour de trois pôles, à savoir les politiques structurelles d'accompagnement; la promotion des investissements par l'attractivité du pays et la promotion des exportations par l'amélioration de la compétitivité-prix ou par la compétitivité-qualité.

a. Les politiques structurelles d'accompagnement

Les politiques structurelles agissent sur l'offre afin de modifier les structures économiques et de favoriser la croissance en incitant les décisions des agents privés, la compétitivité et l'innovation.

Les politiques structurelles s'articulent autour de cinq types de politique, à savoir :

- la politique des dépenses publiques ;
- la politique agricole, de l'élevage et de la pisciculture ;
- la politique commerciale ;
- la politique de cohésion économique et sociale ;
- la politique de la recherche.

S'agissant de la politique des dépenses publiques, dans le cadre des politiques structurelles, il y a lieu d'évoquer la question de l'utilisation efficace des ressources productives, c'est-à-dire, la capacité d'absorption du capital. En effet, la disponibilité des capitaux n'est plus une condition suffisante de la croissance. La faible capacité d'absorption se traduit par une limite au nombre de projets que l'on pourrait raisonnablement entreprendre dans une économie. La rentabilité économique d'un projet dépend certes des qualités intrinsèques de l'opération mais aussi de la qualité de son environnement structurel. Cet environnement dans les pays en développement est souvent peu favorable en raison des infrastructures défaillantes ou insuffisantes et du manque d'une main d'œuvre qualifiée. Ces limites réhabilitent le rôle que doivent jouer les facteurs de la croissance endogène dans les pays qui se sont engagés dans le processus de l'émergence économique.

Dans ces pays, il convient de regarder les dépenses publiques différemment et cesser de considérer que la réduction de la taille de l'Etat est une orientation irréversible des politiques économiques. Une orientation axée sur la réduction de la taille de l'Etat est susceptible de réduire la croissance potentielle dans les économies des pays en développement. On est alors loin des approches originelles qui envisagent le sous-développement comme un état de sous-accumulation qu'il convient de dépasser. Il s'agit alors d'envisager la relation capital-développement du point de vue qualitatif.

Comme le démontre BARRO (1990), la dépense publique est directement productive et doit donc être considérée comme l'un des facteurs de la fonction de production. La contribution du secteur public à la croissance comprend les dépenses publiques d'éducation afin d'améliorer l'efficacité du capital humain et de faciliter l'accumulation de connaissances, d'expérience, notamment technologique, mais aussi celles d'infrastructures de transport et de communication.

Comme les autres accumulations, les dépenses publiques en infrastructures de transport et de communication ont un effet cumulatif. Elles permettent d'augmenter la croissance en élargissant l'assiette fiscale et induisent un accroissement des recettes publiques et donc des dépenses publiques, facteur de croissance.

L'existence des infrastructures de transport et de communication de qualité dans un pays est un facteur d'attractivité des investissements. Les pays qui disposent à la fois des infrastructures de qualité et des mesures fiscales incitatives sont les plus attractifs.

Pour ce qui est de la politique agricole, de l'élevage et de la pisciculture, elle vise à attirer les investisseurs dans ce secteur, d'accroitre la productivité, de garantir la sécurité des approvisionnements, d'assurer des prix raisonnables dans les livraisons aux consommateurs, de rendre les prix compétitifs sur le marché international, de garantir le développement de l'industrie de transformation et de diversifier la base productive et les exportations. Les routes, les sources énergétiques, les ports maritimes sont autant des piliers du développement de l'agriculture et du développement rural en général.

L'articulation agriculture et industrie paraît cruciale dans les choix stratégiques de développement.

Une première approche soutient que le développement agricole doit être préalable à l'industrialisation, car l'agriculture favorise le développement industriel par cinq canaux complémentaires :

- une agriculture efficace fournit des matières premières à faible coût pour les industries de transformation. Elle offre également des denrées alimentaires bon marché permettant d'entretenir la force de travail sans dérive des coûts salariaux ;
- l'amélioration des revenus agricoles stimule fortement la demande qui s'adresse aux secteurs des biens de consommation et d'investissement ;
- les produits substituts à l'importation des produits vivriers économisent les devises ;
- l'amélioration de la productivité agricole libère de la main d'œuvre qui sera employée dans le secteur urbain. Ces transferts vers des activités manufacturières à productivité élevée augmentent le potentiel de croissance économique ;
- la hausse des revenus agricoles permet aussi d'accroître l'épargne nationale.

Une deuxième approche soutient que l'agriculture est dépendante de l'industrie. Les liaisons industrie/agricole s'exercent aussi bien en amont de la production agricole qu'en aval de celle-ci. En amont, il s'agit évidemment de la fourniture de matériels agricoles et de consommations intermédiaires tels que les engrais. Une industrie efficace permet de réduire les coûts d'investissement et d'approvisionnement des producteurs. À l'inverse, une protection excessive des secteurs industriels de biens d'équipement et intermédiaires pénalisera la production agricole.

Une politique agricole couvre aussi bien les questions de propriété des terres (réforme agraire), de techniques de production que celles liées à l'orientation de la politique commerciale.

Pour ce qui est de la politique commerciale, elle devra encourager les exportations à la fois des produits agricoles bruts et des produits transformés et ce, par la création des zones franches d'exportation caractérisées par des avantages fiscaux très alléchants.

Concernant la politique de cohésion économique et sociale, l'objectif est de réduire l'écart de développement entre les départements par la création des agences départementales de promotion des investissements, le développement des infrastructures de base et l'urbanisation des cités. Ainsi, une politique fiscale incitative devra être adaptée au cas par cas selon la réalité de chaque département.

Enfin, la politique de la recherche, repose sur plusieurs instruments.

En premier lieu, elle consiste à élaborer le programme-cadre de la recherche qui définira, tous les cinq (5) ans, certains thèmes de recherche fondés sur le corpus théorique de la croissance endogène. Il peut s'agir des thèmes tels que les NTIC[16], la santé, l'éducation et le

[16]Nouvelles technologies de l'information et de la communication.

développement durable. Ces programmes de recherche doivent être réalisés conjointement par des entreprises, des centres de recherche et des universités selon une procédure d'appel d'offres.

Le second instrument de cette politique repose sur le développement des initiatives de recherches sectorielles par les entreprises afin de promouvoir la nouvelle technologie et l'innovation.

Le dernier volet consiste à former les jeunes dans les domaines pétrolier, minier et dans d'autres domaines prioritaires tels que l'agriculture, le bâtiment et les travaux publics (BTP) afin de concilier la formation aux emplois potentiels.

b. La stratégie de la promotion des investissements

La stratégie de la promotion des investissements consiste à la fois :

- à retenir les investissements nationaux dans le pays pour éviter que les entrepreneurs locaux délocalisent leur épargne à l'extérieur ou rechignent à créer des usines dans le territoire national ;
- à freiner les délocalisations des firmes multinationales (FMN) existantes déjà dans le territoire national ;
- à capter à la fois une part des investissements directs étrangers, des investissements internationaux en portefeuille ainsi que des prêts bancaires internationaux nécessaires au financement des investissements ;
- à attirer les activités stratégiques notamment les centres de recherche, les quartiers généraux, etc. ;
- à attirer les compétences notamment les cadres expatriés, les étudiants et les chercheurs de haut niveau ;
- à développer l'agriculture, l'élevage et la pisciculture et à transformer les produits y relatifs ;

– à stimuler l'industrialisation et l'innovation.

Parmi les instruments cités, mettons un accent particulier sur l'investissement direct à l'étranger (IDE). En dehors de la couverture du gap interne épargne-investissement, l'IDE offre plusieurs avantages tels que :

– l'accès à de nouvelles technologies et à de nouvelles techniques de production et de gestion;
– le renforcement des capacités des travailleurs et des entrepreneurs du pays par le transfert de savoir-faire;
– l'ouverture de nouveaux marchés à l'extérieur;
– le développement de l'agriculture et de l'élevage, tout d'abord pour assurer l'auto-suffisante alimentaire, ensuite pour transformer localement une partie de la production et exporter le surplus des produits transformés et celui des produits non transformés.

c. La promotion des exportations

Pour ce qui est du développement des exportations, la promotion des exportations est également devenue incontournable pour les pays de l'Afrique au Sud du Sahara. En effet, le développement des exportations relève les niveaux de la productivité et de la croissance économique (SACHS and WARNER, 1995).

La promotion des investissements est fondée sur les facteurs d'attractivité; la promotion des exportations est en revanche fondée sur la compétitivité.

Traditionnellement, on distingue la compétitivité-prix de la compétitivité structurelle. La première correspond à la faculté de produire des biens et services à des prix inférieurs à ceux des concurrents. À cet effet, le pays devra pratiquer une stratégie de croissance tirée par les exportations. Pour ce faire, il devra maintenir délibérément sa monnaie sous-évaluée et accumuler les réserves de change pour empêcher sa monnaie de s'apprécier afin de préserver sa compétitivité-prix. Les réserves de change ainsi constituées sont censées prémunir le pays contre les attaques spéculatives susceptibles d'engendrer des crises jumelles (crises bancaires et crises de change).

La compétitivité structurelle à la capacité à imposer ses produits indépendamment de leur prix, c'est-à-dire en raison de leur qualité, de l'image de marque, des délais de livraison performante, de leur meilleure adaptation à la demande : c'est la compétitivité-qualité.

En relation avec la fiscalité, la compétitivité-prix dépend de l'imposition des facteurs de production, tandis que la compétitivité structurelle est en particulier liée aux incitations fiscales en matière de recherche et de développement.

La compétitivité dépend certes en partie du système fiscal, mais elle dépend de manière plus générale, des choix stratégiques effectués par les entreprises en matière d'environnement économique et global, d'éducation de la main-d'œuvre, etc.

La promotion des exportations peut se faire à travers la création de zones franches d'exportation (ZFE), de zones industrielles travaillant pour les exportations (ZIE), de zones économiques spéciales (ZES) ou la création d'une Agence nationale de promotion des investissements et des centres de promotion de l'agriculture et de l'élevage.

Une zone franche d'exportation est créée dans le but d'attirer des investissements étrangers, générateurs d'emplois, d'exportations et susceptibles de jouer les effets d'entraînement sur les firmes nationales. Elle reste cependant une condition nécessaire mais non suffisante au développement.

La politique fiscale est un pilier des zones économiques spéciales. On distingue à cet effet, les mesures fiscales d'incitation à l'endroit des développeurs, des entreprises qui s'installent dans une zone économique spéciale, et les mesures d'incitation des travailleurs de ladite zone.

Parmi les mesures fiscales d'incitation des développeurs, on distingue par exemple les mesures suivantes :

– le bénéfice des développeurs à travers le développement des terrains et l'exploitation des infrastructures est exonéré de l'impôt sur les sociétés pendant 15 ans à partir de l'année d'investissements. Au-delà de cette période, excepté la taxe unique sur les salaires, les développeurs sont soumis aux impôts selon les modalités ci-après :

a) l'impôt sur les sociétés : taux réduit de 10% ;
b) la taxe sur les sociétés : taux réduit de 0,50% ;
c) l'impôt sur le revenu des personnes physiques (BIC et BA) : abattement de 50% (appliqué sur l'IRPP) ;
d) les contributions foncières des propriétés bâties et non bâties et la taxe d'occupation des locaux : réduction de 50% par rapport au droit commun ;
e) la patente : réduction de 50% par rapport au droit commun ;
f) les droits d'enregistrement : exonération pour la création d'entreprises et taux réduit de 50% pour les actes de mutation.

– Les bénéfices après impôts sur les sociétés que réalisent les développeurs dans la zone sont imposables à l'impôt sur le revenu des valeurs mobilières au taux réduit de 5% et exonérés de la taxe sur les transferts des fonds en cas d'expatriation.

– Au cas où le développeur réinvesti les bénéfices réalisés dans la zone après la durée d'exonération de 15 ans, le cinquième (1/5) des sommes réinvesties est admis et les bases taxables à l'impôt sur les sociétés sont déduites pendant une période de cinq (5) ans. Si les bénéfices réalisés sont réinvestis en cours de période d'exonération de 15 ans, une durée supplémentaire d'exonération est accordée.

– La cession des droits fonciers des développeurs aux entreprises est soumise à un taux réduit de 50% des droits d'enregistrement et des taxes de publicité foncière.

S'agissant ensuite des mesures d'incitation fiscales pour les entreprises qui s'installent dans la zone, celles-ci peuvent se résumer comme suit :

– les entreprises de haute technologie agréées par l'Agence de planification sont exonérées d'impôt sur les sociétés pendant 10 ans à partir de l'année d'investissements. Au-delà de cette période, excepté la taxe unique sur les salaires, les développeurs sont soumis aux impôts selon les modalités ci-après :

a) l'impôt sur les sociétés : taux réduit de 10% ;
b) la taxe sur les sociétés : taux réduit de 0,50% ;
c) l'impôt sur le revenu des personnes physiques (BIC et BA) : abattement de 50% ;
d) les contributions foncières des propriétés bâties et non bâties et la taxe d'occupation des locaux : réduction de 50% par rapport au droit commun ;
e) la patente: réduction de 50% par rapport au droit commun;
f) droits d'enregistrement exonérés pour la création d'une entreprise et taux réduit de 50% pour les actes de mutation.

- Les actifs immobilisés des entreprises de la zone sont amortissables suivant le système d'amortissement accéléré. Le taux de l'amortissement accéléré est fixé à 40%. L'annuité normale d'amortissement est calculée sur la valeur résiduelle des immobilisations en cause.

- Les entreprises exportatrices de la zone qui se trouvent hors de la zone franche peuvent vendre leurs produits francs à l'intérieur du pays après avoir payé les taxes, à condition que le taux de valeur ajoutée de leurs produits soit supérieur à 20% et que le taux de commercialisation sur le marché interne ne dépasse pas 30%. Au cas où les conditions ci-dessus ne sont pas remplies, le droit commun s'applique.

Enfin, pour le cas des employés des zones économiques spéciales de la République du Congo, on distingue les avantages suivants :

- les employés nationaux de la zone sont imposables à l'impôt sur le revenu des personnes physiques (IRPP) dans les conditions de droit commun ;
- les employés, techniciens et cadres étrangers sont exonérés à l'IRPP pour les éléments de rémunération ci-après :

• les indemnités de logement, de repas et de blanchissage ;
• les pensions de service sous forme de remboursement en cas d'accès et de départ de la fonction ;
• les indemnités de transport, tant à l'intérieur qu'à l'extérieur du pays ;
• les frais de formation en langue, allocations à l'éducation des enfants.

La libéralisation des échanges, la création des infrastructures de qualité, la mise en place d'une politique fiscale de promotion des investissements et des exportations, le respect du droit et la simplification des procédures administratives sont autant des conditions complémentaires aux zones franches d'exportation (ZFE) et aux zones économiques spéciales.

En mettant en œuvre avec succès le diptyque investissement-exportation, un pays de l'Afrique au Sud du Sahara s'intègre mieux dans l'économie globale et peut légitimement aspirer tout d'abord au statut de pays pré-émergent, ensuite au statut de pays émergent.

Mais ce succès ne peut être obtenu qu'au prix de la mise en œuvre des réformes crédibles et soutenables.

Plusieurs facteurs caractérisent le dynamisme économique, parmi lesquels :

- le strict respect des principes économiques de base pour permettre le bon fonctionnement des mécanismes économiques nécessaires à la réussite des politiques économiques ;
- l'application des politiques budgétaires contracycliques pour appuyer les effets des stabilisateurs économiques ;
- l'amélioration des équilibres macroéconomiques ;
- la stabilité macroéconomique ;
- l'investissement supérieur à 20% du PIB au moins ;
- la gestion saine et dynamique des finances publiques (y compris la priorité accordée aux dépenses d'investissements et aux facteurs de la croissance endogène) ;
- la diversification de l'économie ;
- la diversification des partenaires financiers et la forte augmentation des financements ;
- le développement de l'agriculture et de l'élevage ;
- l'amélioration de la productivité de l'agriculture ;
- la production des biens publics de qualité et en quantité suffisante ;

- le développement de l'industrie de transformation des produits alimentaires et d'autres filières ;
- l'institution d'une politique fiscale de promotion des investissements et des exportations ;
- l'indépendance de la politique monétaire ;
- le taux de croissance élevé et soutenu ;
- l'inflation modérée et un taux de change compétitif ;
- le faible taux de chômage ;
- la bancarisation de l'économie ;
- la monétarisation de l'économie ;
- la libéralisation des activités économiques et des prix, couplée avec la mise en place d'un cadre réglementaire efficace de manière à supprimer les positions de rente et à consacrer la compétition ;
- encourager les entreprises nationales à accéder aux marchés et commandes publics pour limiter les sorties de capitaux qui ont un effet négatif sur les réserves de change ;
- le respect des critères de convergence de l'union monétaire et économique ;
- l'ouverture de l'économie sur l'extérieur (outward-looking policy), par la libéralisation des échanges et la construction de grands marchés intégrés avec les pays voisins, et l'encouragement des investissements étrangers par la levée des barrières entravant leur venue. Il s'agit de l'ouverture aux marchés extérieurs et de l'afflux des capitaux étrangers ;
- la réhabilitation du rôle de l'Etat en tant qu'acteur stratégique capable de booster la dynamique économique ;
- l'existence d'un secteur privé local dynamique, compétitif, créatif, intégré et visionnaire ;
- la capacité à générer une forte épargne locale et la disponibilité d'un bon système bancaire et financier local, régulé par des instances de supervision efficaces,

et capable de faire une allocation optimale des ressources. Le corollaire en est la transparence et la fiabilité des informations économiques, permettant l'évaluation correcte des performances et des potentialités des entreprises ;

- la mise en place d'un système d'incitations de qualité, notamment la politique fiscale d'attractivité, la politique foncière (terrains et bâtiments industriels), et la politique agricole; les incitations financières et bien d'autres types d'incitations (incitations non fiscales et non financières);
- la capacité à absorber et à adapter les nouvelles technologies, y compris les nouvelles technologies de l'information et de communication (NTIC) ;
- la disponibilité d'une main d'œuvre locale bien formée, qualifiée, productive et alliée avec les employeurs pour faire progresser l'entreprise ;
- la répartition équitable des fruits de la croissance pour renforcer la cohésion sociale ;
- l'existence de bonnes infrastructures et d'un bon système de télécommunication, de santé et d'éducation.

Le développement agricole doit être préalable à celle de l'industrialisation en ce sens que l'agriculture favorise le développement industriel par cinq canaux complémentaires :

a) l'agriculture efficace fournissant des matières premières à faible coût pour les industries de transformation. Elle offre également des denrées alimentaires bon marché permettant d'entretenir la force de travail sans dérive des coûts salariaux ;
b) les produits substituts à l'importation (produits vivriers) économisent les devises. Au total, la contrainte en devise est repoussée ce qui permet d'accroitre le flux

des importations et donc d'envisager davantage de projets industriels ;

c) l'amélioration de la production agricole libère la main d'œuvre qui sera employée dans le secteur urbain. Ces transferts vers les activités manufacturières à productivité élevée augmentent le potentiel de croissance économique ;

d) la hausse des revenus agricoles permet aussi d'accroitre l'épargne nationale ;

e) les pays en développement doivent tirer profit de la hausse des prix des produits de base afin de prévenir l'effondrement de leurs ressources budgétaires lors de la chute des cours de ces produits. Il s'agit par exemple de planifier les budgets en fixant un seuil de prix. Par exemple, au début de l'année 2008, lorsque le prix du pétrole sur le marché international a dépassé le seuil de 100 dollars le baril, certains pays exportateurs de pétrole ont planifié leur budget au prix du baril de pétrole de 65 dollars. Lorsque le prix a effectivement chuté, pour atteindre ce seuil, à l'automne 2008, ces pays n'ont pas été pris au dépourvu grâce à la marge de manœuvre qu'ils s'étaient ménagée.

En somme, l'Etat devra jouer un rôle important en matière de coordination et de promotion des secteurs prioritaires (subventions et crédits bonifiés). Tel est le rôle majeur que doit jouer l'Etat dans l'orientation des politiques industrielles et commerciales.

7) La promotion de l'image du pays à l'étranger

Promouvoir l'image du pays à l'étranger consiste en :

- la mise en œuvre d'une bonne promotion du pays, à travers des agences de promotion et des stratégies de communication gagnantes, la création d'une compagnie aérienne nationale à vocation internationale et la création des agences de voyage ;

- la mise à contribution des représentations diplomatiques du pays ;
- un large consensus national sur les orientations économiques et politiques irréversibles ;
- l'organisation des conférences, colloques et forums internationaux.

Toutes les conditions énumérées sont censées améliorer le climat des affaires et offrir aux capitaux nationaux et étrangers de nouvelles possibilités d'investissement ou de placement à haut rendement et à risque raisonnable, de sorte que le retour à l'investissement soit meilleur.

III. Les Critères de l'émergence économique

Tenant compte du contexte particulier des pays de l'Afrique au Sud du Sahara, sept critères de l'émergence économique sont identifiés pour parviennent à l'émergence économique. Il s'agit des critères suivants :

- la stabilité politique ;
- une urbanisation importante ;
- l'extension du marché intérieur ;
- la qualité des infrastructures ;
- la monétarisation de l'économie et l'existence d'un marché financier développé ;
- la diversification de l'économie et l'ouverture aux marchés extérieurs ;
- une croissance soutenue et durable.

1) La stabilité politique

Le premier critère qu'est la stabilité politique doit-être permanent dans un pays. Il constitue le premier facteur d'attractivité des investissements étrangers.

Indépendamment du type de régime, la stabilité politique permet de mettre en œuvre des projets à long terme. L'exemple de la Chine a montré que le développement de l'économie ne va pas forcément de pair avec l'ouverture démocratique. En revanche, il montre qu'un pouvoir stable, détenteur d'une vision à long terme et d'une permanence dans les institutions, favorise des politiques de grands travaux, comme la construction d'infrastructures énergétiques, de lignes ferroviaires à grande vitesse ou d'aéroports nécessaires au développement économique d'un pays.

Pour bien apprécier le bien-fondé de la stabilité politique, on peut toutefois se demander si la démocratie favorise-t-elle le développement ? La démocratie est un bien en soi, qui fait partie des préférences d'un grand nombre de personnes dans les pays en développement, en dehors de toute considération de son impact sur le niveau de revenu.

L'idée selon laquelle la démographie peut favoriser le développement se heurte d'abord au fait que les pays qui ont connu un rattrapage rapide ne l'ont pas fait sous des régimes démocratiques. À titre d'illustration, l'Inde démocratique a plutôt stagné avant les réformes de 1991.

Sur le plan théorique, peu d'arguments peuvent être évoqués en faveur d'une relation positive entre le développement et la démocratie. La démocratie peut favoriser la croissance en donnant la possibilité d'adaptation relativement souple.

Mais il existe de forts arguments en sens inverse. En effet, avec des mandats limités, la démocratie n'incite pas à prendre en considération les questions de développement à long terme. De plus, elle peut contribuer à généraliser la corruption décentralisée, et attiser les tensions, notamment dans les pays où prévalent des clivages ethniques.

Par ailleurs, le changement d'un régime politique en période d'une expansion économique peut se révéler dangereux car un tel changement peut freiner la phase d'expansion pour ainsi engendrer une phase de crise économique, voire une récession économique. En effet, le changement d'un régime politique entraîne le changement de politiques économiques et, de surcroît, une augmentation des dépenses publiques en vue de récompenser les électeurs.

2) L'urbanisation importante

Dans la théorie économique, l'analyse de l'urbanisation est fondée sur les déterminants de l'urbanisation et sur la mobilité intersectorielle du travail.

S'agissant tout d'abord des déterminants de l'urbanisation dans les pays en développement, BHADRA et BRABDAO (1993) distinguent deux grandes approches d'analyses.

La première approche macroéconomique, selon laquelle le développement s'accompagne d'une réduction du poids de l'activité agricole, s'explique aussi bien par un effet demande de type « loi d'Engel » que par un effet d'offre lié à une application plus rapide du progrès technique dans l'industrie, générant les opportunités de profit et donc de croissance en zone urbaine. Pour ces auteurs, l'exode rural est déterminé par la détérioration des conditions de vie en zone rurale.

La deuxième approche d'ordre microéconomique, renvoie à l'économie géographique qui fonde l'existence et la taille des villes sur des économies d'agglomération, externes aux firmes et aux branches (taille de la population, infrastructure urbaine), internes aux branches (inputs spécifiques, effet réseau) et internes aux firmes.

Quant à la mobilité intersectorielle du travail, le processus de développement économique nécessite un transfert de la main d'œuvre des zones rurales (secteur agricole) traditionnelles à faible productivité du travail vers les zones urbaines (secteur moderne à productivité plus forte). Le chômage déguisé dans les compagnes correspond à une offre illimitée de main-d'œuvre qui alimente la demande de travail du secteur moderne sans augmentation de salaire. Ce dernier reste au niveau de subsistance jusqu'à épuisement de la force de travail excédentaire dans le secteur traditionnel (LEWIS William. Arthur, 1943). L'urbanisation est donc un facteur fondamental dans le décollage économique.

De prime abord, l'urbanisation crée une forte demande pour l'amélioration des infrastructures (cf. loi d'Adolphe. Wagner). À cet effet, elle permet le développement, notamment des transports, l'accès à l'eau potable et à l'électricité, l'existence des structures scolaires et de santé. Elle réduit ensuite considérablement la part des productions auto-consommées et se traduit donc par une marchandisation ou une monétisation des échanges. L'urbanisation facilite enfin les échanges mais elle augmente le prix de la main d'œuvre, ce qui peut négativement impacter la croissance (cas de la Chine). Dans ces conditions, les politiques d'aides aux investissements doivent être mises en œuvre pour soutenir le sentier de croissance.

3) L'extension du marché intérieur

La population doit être suffisamment nombreuse pour constituer un marché domestique important qui constitue à la fois le premier débouché de l'industrie locale, mais également le débouché des importations nécessaires à l'équilibre des échanges. Cette population doit connaître une croissance démographique significative. Plus elle est jeune et éduquée, avec un taux d'alphabétisation féminin élevé, plus elle pourra contribuer au développement économique.

Le changement des mentalités de cette population constitue une priorité devant garantir la productivité du travail.

La qualité des débats économiques et politiques dans un pays témoigne de la qualité des institutions : ce qui exige au préalable la qualité des ressources humaines, c'est-à-dire un système d'éducation de qualité.

Du point de vue de l'attractivité de l'investissement, une population nombreuse présente au moins deux avantages :

- mieux vendre du fait de la proximité des marchés ;
- pouvoir vendre dans le pays d'implantation du fait de la nature des produits (cas des produits intransportables) ou de l'existence de barrières protectionnistes.

Pour qu'une population nombreuse puisse contribuer à la croissance, le taux de chômage dans le pays doit-être suffisamment faible et ce, conformément à la loi d'Okun. Une population nombreuse ne présente pas seulement des avantages mais aussi des problèmes sociaux importants. Le taux de croissance élevé de la population entraîne une augmentation considérable du pourcentage des jeunes qui dépendent du revenu d'autres personnes. Ce qui rend encore plus difficile l'amélioration des niveaux d'éducation et de vie.

Le gouvernement devra développer un système de protection sociale en vue de prendre en charge les problèmes sociaux soulevés par cette population nombreuse.

Pour les pays qui ne disposent pas d'une population nombreuse, ils peuvent combler leur déficit par l'intégration économique dans ses multiples facettes en vue de favoriser la libre circulation des personnes et des biens.

Dans le cas de la République du Congo, deux opportunités se présentent :

- la construction d'un grand marché intégré dans le cadre de la CEMAC et la CEEAC. Le succès d'un tel marché ne peut avoir lieu que si les entraves aux échanges sont supprimées d'une part, et si le Congo réalise

l'interconnexion de son réseau national de transport avec ceux des autres pays des deux régions, d'autre part ;
- la création d'une zone de libre-échange avec la République Démocratique du Congo pour profiter de son importance démographique.

Lorsque la population est peu nombreuse, le problème de l'étroitesse du marché intérieur peut-être surmonté par l'appartenance au moins à un regroupement économique ou à l'ouverture vers le marché extérieur.

4) La qualité des infrastructures

En Afrique subsaharienne, quiconque qui tente de faire fonctionner une entreprise est constamment confronté aux coupures d'électricité, à l'état des routes impraticables et aux fuites d'eau. Tous ces problèmes d'infrastructures résultent d'une défaillance de l'Etat et engendrent des coûts élevés dans la production des biens.

Dans le processus du développement économique, les infrastructures permettent d'accompagner le décollage économique. Elles permettent de faciliter les déplacements par la construction de routes, de ponts, de voies ferrées, d'aéroports et d'infrastructures énergétiques. Ainsi, l'Etat doit assurer l'équilibre du mix énergétique en vue d'atténuer la dépendance vis-à-vis des fournisseurs extérieurs, mais également d'assurer l'éducation pour tous et l'accès à l'eau courante et son traitement afin d'améliorer l'hygiène et de diminuer la mortalité infantile.

En outre, l'amélioration de l'infrastructure se traduira par un retour sur investissement productif afin de stimuler la croissance à long terme. À cet égard, la qualité du capital public est une source de croissance de la productivité globale des facteurs (BARRO, 1994) et constitue un environnement favorable à la productivité du capital privé.

Les sources énergétiques (les barrages hydroélectriques, les panneaux solaires, l'énergie éolienne), les routes nationales, la fibre optique, les centres de formation et de recherche sont des atouts fondamentaux d'un développement vers l'émergence.

Le rôle minimal que l'on peut réserver à l'Etat dans le processus d'industrialisation est de renforcer l'attractivité du territoire national pour conserver les investissements domestiques et accueillir les investissements étrangers. Pour ce faire, l'Etat doit mettre en place les politiques d'accompagnement. Ces politiques consistent à fournir au secteur privé des infrastructures de qualité (système de communication et télécommunication, formation de la main d'œuvre, santé publique) et un environnement macroéconomique favorable.

Les infrastructures sont généralement financées par l'Etat et constituent le capital public. Il s'agit donc des dépenses financées par l'Etat qui sont intégralement financées par un impôt proportionnel au revenu.

Selon Barro, la dépense publique a deux effets opposés :

- le premier est que le capital public rend le capital privé plus productif et évite que sa productivité marginale s'annule progressivement quand le revenu augmente ;
- le second est que l'impôt a un effet dépressif sur cette productivité, puisqu'il réduit son rendement privé en ôtant aux entreprises une part du revenu tiré de leur activité.

À la lumière de l'analyse de Barro, l'Etat devra toujours rechercher sa taille optimale. Selon Barro, pour une petite taille de l'Etat, les effets positifs l'emportent.

Puis de moins en moins, on peut alors déterminer la taille optimale de l'État, c'est-à-dire, une dépense publique optimale. Il s'agit non seulement des dépenses d'infrastructure mais aussi celles des droits de propriétés, de maintien de l'ordre et de la sécurité qui contribuent à améliorer le rendement du secteur privé.

5) La monétarisation de l'économie, la capacité d'attraction des flux de capitaux étrangers et de rétention des investissements nationaux dans le pays

La monétarisation est un puissant instrument pour la croissance et le développement, car elle favorise la bancarisation de l'économie et permet de doter le pays d'un système financier performant ainsi que d'un marché de capitaux attractif drainant des flux de capitaux privés.

Elle favorise également le développement des services financiers avec des implications dans le développement de nouvelles technologies et la création des emplois. Elle implique en outre, le développement des marchés de capitaux qui constituent une source inédite de financement de l'économie. Elle rend les transactions traçables, élargit l'assiette fiscale et contribue à la sécurisation et à l'augmentation des recettes fiscales.

Enfin, la monétarisation engage le pays dans un processus de bonne gouvernance économique ; elle est un moyen de prévention de la criminalité dans toutes ses facettes.

Les pays peuvent utiliser la fiscalité pour *monétariser* leur économie (Antoine N'GAKOSSO, 2015)[17]. En effet, la monétarisation d'une économie est un facteur de croissance et de développement d'un pays.

[17]N'GAKOSSO Antoine, « Comment la fiscalité peut-elle contribuer à la monétarisation d'une économie », Editions Publibook, Paris, 2015.

Une économie émergente est caractérisée par une période transitoire, matérialisée par le passage d'une économie fermée à une économie ouverte. Le passage à une économie ouverte requiert un ensemble de réformes économiques conduisant le pays à disposer d'une économie forte, ayant de meilleures performances, d'où la création d'un marché de capital plus efficace et transparent.

Ces réformes doivent toucher en grande partie le système financier ainsi que le système du taux de change, dans la mesure où une monnaie stable permet d'accroître la confiance accordée à son économie par les investisseurs étrangers.

Dans l'optique de la théorie des stades de la balance des paiements, un pays émergent est un pays nouvellement prêteur, c'est-à-dire un pays exportateur de capitaux. En effet, avant d'être émergent, en raison de la faiblesse de l'épargne, les pays devenus émergents ont d'abord été des pays nouvellement emprunteurs, puis pays nouvellement prêteurs, lorsqu'ils deviennent émergents : c'est le cas de la Chine qui est actuellement pays prêteur.

L'afflux des capitaux étrangers est l'un des piliers de l'émergence en ce sens qu'il contribue à la diversification des partenaires financiers et à une forte augmentation des financements.

L'attraction des flux de capitaux privés étrangers se mesure à travers trois grands types d'indicateurs : le niveau des IDE, le niveau des investissements en portefeuille (IP) et le niveau des prêts bancaires internationaux (PBI).

Pour disposer d'une bonne capacité de rétention des investissements nationaux dans le pays et d'attraction des IDE, des Investissements de portefeuilles (IP) et des prêts bancaires internationaux (PBI), le pays doit performer le mieux les trois indices suivants : l'indice de *Compétitivité Globale*, l'indicateur *Doing Busness* et l'indice de *Gouvernance*.

a. L'Indice de Compétitivité Globale

L'Indice de Compétitivité Globale (GCI) permet de rendre compte de la compétitivité globale d'un pays. Calculé chaque année sur un grand échantillon de pays, par le World Economic Forum, cet indice de la compétitivité des nations fondé sur les travaux de Michael PORTER, comprend huit piliers :

- les institutions publiques ;
- les infrastructures ;
- le cadre macroéconomique ;
- la santé et l'éducation de base ;
- l'éducation supérieure et la formation ;
- l'efficacité du marché ;
- les capacités technologiques ;
- la sophistication de l'industrie locale.

Les pays qui performent le mieux pour cet indice ont en pratique les meilleurs environnements des affaires et doivent en principe attirer plus d'investissements directs, d'investissements de portefeuilles et de prêts bancaires internationaux.

b. L'Indicateur Doing Business

L'Indicateur Doing Business ou l'indice de la fluidité et la prévisibilité des affaires est calculé sur la base de l'enquête « Doing Business » de la Banque Mondiale, effectuée chaque année, sur 185 pays environ. Le classement des pays se fonde sur plusieurs variables de réformes : les coûts et le temps nécessaires pour satisfaire les exigences des gouvernements concernant la création d'entreprise et l'obtention de licences, l'enregistrement des titres de propriété; la législation du travail, la facilité d'accès au crédit, la facilité de raccordement à l'électricité, la facilité d'octroi de permis de construire, la fiscalité, la protection des investissements, la mise en œuvre des contrats, les procédures du commerce international et le règlement de la solvabilité.

Plus un pays applique un degré élevé de réformes dans chacune de ces variables, plus il améliore son rang dans le classement.

c. L'indice de Gouvernance

La gouvernance d'un pays, c'est-à-dire ses institutions formelles et informelles et leurs interactions avec les comportements des entrepreneurs et organisations politiques et économiques, est un critère décisif pour la réussite d'un pays en termes de croissance à long terme, d'amélioration du bien-être et du développement de la société (NORTH, 1990 et 2005).

L'indice de Gouvernance est un indice composite agrégeant six sous-indices à savoir :

- la liberté d'expression et la responsabilité;
- la stabilité politique;
- l'efficacité de l'Etat;
- la qualité du cadre réglementaire;
- l'Etat de droit;
- le contrôle de la corruption;
- la crédibilité des gouvernants et leur vision à long terme.

À l'instar de la Chine, les pays engagés dans le processus de l'émergence devront mieux gérer leur monnaie. Dans ces pays, la question n'est pas de trouver un taux de change d'équilibre, mais un taux de change qui maximise la croissance. Dans l'espace franc CFA, on peut se demander si le FCFA est un facteur de blocage de l'émergence ou non des pays appartenant à cette zone. En dépit des mécanismes à travers le compte d'opération, une parité ajustable fondée sur un niveau de taux de change qui maximise la croissance serait peut-être souhaitable.

Un pays candidat à l'émergence devra se doter d'une monnaie faible afin de favoriser ses exportations. Il devra adopter un régime de change flexible pour bénéficier des avantages offerts par la flexibilité de la monnaie.

Le pays devra donc se doter d'une politique monétaire indépendante relevant de la compétence de la banque centrale.

Il s'agit ici de l'intégration du pays dans l'économie mondiale, pas seulement au travers de ses exportations de biens et services qui est le critère central de nouveaux pays industrialisés (NPI) mais également en matière financière notamment l'ouverture des marchés intérieurs aux investisseurs étrangers et l'existence d'investisseurs nationaux intervenant à l'étranger.

6) La diversification de la production et des exportations des biens et services

La diversification de la production et des exportations est identifiée par le niveau élevé de la quantité et de la qualité des produits exportés d'un pays. Il ne s'agit pas seulement d'exporter les matières premières, mais aussi les produits transformés afin de créer de la valeur ajoutée et de l'emploi dans le pays. Un accent particulier doit être mis sur le développement de l'agriculture et de l'élevage ainsi que sur la transformation des produits y relatifs afin d'améliorer la capacité d'exportation du pays. Il s'agit aussi de développer l'industrie locale et d'avoir un taux de change susceptible de rendre les exportations compétitives. À cet effet, une politique industrielle très active, visant à faire émerger les firmes internationalement compétitives en utilisant toutes les armes possibles, devra être conçue et mise en œuvre. Une telle politique devra entre autres, protéger le marché intérieur ou sous régional, inciter les investissements directs des firmes globales et les « joint-ventures » avec les firmes locales.

La capacité d'exportation apparait ici comme un critère complémentaire à la diversification économique.

Au plan macroéconomique, une économie non diversifiée ou peu diversifiée est vulnérable aux chocs externes, ce qui justifie tout l'intérêt accordé à la diversification de la base productive.

Au plan de l'agriculture et de l'élevage, il s'agira de passer à l'étape de la transformation structurelle, c'est-à-dire la transformation d'une économie agricole à faible productivité en une économie manufacturière et de services plus productive.

Cette transformation structurelle, outre l'amélioration des infrastructures et du climat des affaires, passera aussi par la mise en œuvre des mesures capables d'améliorer les qualifications des travailleurs du secteur informel ou se concentre une part disproportionnée de personnes à peine scolarisées.

Un regard sur les pays de la CEMAC par exemple permet de dire que les économies sont faiblement diversifiées. Même si la performance du secteur non pétrolier s'est améliorée au cours des dernières années, les économies restent encore tributaires du secteur pétrolier. La prédominance pétrolière rend ces économies vulnérables aux chocs externes et offre peu d'opportunités d'emplois en raison de la nature capitalistique de ce secteur et de ses faibles liens avec le reste de l'économie.

En dehors du pétrole, les pays de la CEMAC disposent d'importantes ressources agricoles, minières, forestières et gazières dont l'exploitation constitue une source de diversification de l'économie et de croissance. La transformation de ces matières premières devra créer de la valeur ajoutée et de l'emploi. De même, elle devra s'orienter vers l'exportation comme ce fut le cas des quatre dragons[18] dans les années 60, des tigres asiatiques[19] et de la Chine, à partir de 1992. En effet, l'ouverture aux marchés extérieurs devra être le premier atout d'un pays émergent. Pour ce faire, le pays doit disposer de cycles de formation de qualité afin de disposer d'une main-d'œuvre de qualité et à coûts salariaux avantageux mais aussi disposer d'un avantage comparatif, exploité par une spécialisation des biens destinés à des marchés extérieurs.

En République du Congo par exemple, dans le but de diversifier l'économie nationale, le Président de la République Denis SASSOU N'GUESSO a décidé de créer quatre (4) zones économiques spéciales (ZES) :

- au nord, sur les bords de la rivière Sangha, la ZES de Ouesso ;
- au centre, sur les bords de l'Alima (Oyo-Ollombo), la ZES d'Oyo-Ollombo ;
- au Sud-Est, sur les bords du fleuve Congo, la ZES de Brazzaville, située au Nord de Brazzaville, notamment au village Maloukou ;
- au Sud-Ouest, sur les bords de l'Océan atlantique, ZES de Pointe-Noire.

La zone économique spéciale de Ouesso couvre une superficie de 64.520 hectares. Les activités à développer se déroulent en trois phases.

La première phase concerne la transformation industrielle du bois en sciage et contre-plaqué, et à terme, la production des meubles et les constructions immobilières. La deuxième phase est centrée sur la

[18] Hong-Kong, Corée du sud, Taïwan et Singapour

[19] Malaisie, Thaïlande, Indonésie, Philippines

préparation, le développement des cultures de café et de cacao et la création d'une agro-industrie par la transformation de ces cultures. La troisième phase concerne la culture de la filière palmeraie.

Dans la zone économique spéciale d'Oyo-Ollombo, qui couvre une superficie de 760.318 hectares, seront développées les activités de production de cultures alimentaires et de rentre ; d'élevage du bétail, de transformation des produits agricoles ; de sylviculture et de pisciculture. La mise en service de la ZES d'Oyo-Ollombo devrait générer 120.000 emplois à l'horizon 2032, soit 6500 emplois par an. L'impact sur le PIB est de 1,528 milliards de dollars U.S à l'horizon 2032.

S'agissant de la zone économique spéciale de Brazzaville, qui couvre une superficie de 164.100 hectares, les activités y seront développées en deux phases :

La première phase sera centrée sur la filière des palmerais ; l'horticulture ; les matériaux de construction et la logistique et la deuxième phase sur les énergies renouvelables.

Le nombre d'emplois attendus estimé à 21.000 emplois à l'horizon 2020. La ZES de Brazzaville devrait générer un PIB de 0.7 milliards de dollars U.S à l'horizon 2020 et 1.7 milliards de dollars U.S en 2030 (soit environ 40% du PIB hors pétrole actuel).

Enfin, la zone économique spéciale de Pointe-Noire, qui couvre une superficie de 3.150 hectares proposera les activités pétrolières ; parapétrolières et industrielles, notamment les métaux et l'ingénierie ; les produits chimiques ; l'industrie alimentaire et des boissons ; le bois et les produits dérivés du bois ; le papier et les produits du papier ; la production des produits en plastique et verrerie ; etc. Les perspectives globales d'emplois qui devraient être créées à l'horizon 2031, grâce à cette ZES, sont estimées à 28.330 emplois directs et 42.495 emplois indirects.

7) La croissance économique soutenue et durable

Depuis les travaux d'Adam Smith sur les origines de *La richesse des nations,* la croissance économique est l'objet central de la science économique, au point de devenir une préoccupation majeure des gouvernements et des critiques.

La croissance se traduit par une progression et un renouvellement des emplois, et donc un niveau de chômage faible. De plus, elle garantit la progression du niveau de vie et favorise l'amélioration de la qualité de vie : santé, éducation, réduction du temps de travail, loisir sont les privilèges des pays riches qui bénéficient d'une croissance durable.

La croissance économique se caractérise par une augmentation durable de la production et des principales grandeurs économiques comme le PIB. Elle se distingue de l'expansion ou encore du développement. En effet, l'expansion est un phénomène de courte durée, tandis que le développement est un phénomène plus quantitatif qui s'accompagne d'importants changements des structures, des mentalités ou des institutions, et qui prend en compte les répercussions à long terme de la croissance.

Lorsque la croissance économique est supérieure à la croissance démographique, il y a une augmentation générale du niveau de vie des habitants (PIB/tête). Contrairement à Malthus qui ne croyait pas à la possibilité selon laquelle la croissance économique est supérieure à la croissance démographique, le XXe siècle a montré que les pays développés sont aussi les pays qui ont maîtrisé leur démographie, l'économie ayant dompté la démographie.

L'augmentation du niveau de vie change les mentalités, transforme le rôle des femmes dans la société et diminue le nombre d'enfants par foyer.

Un pays candidat à l'émergence économique doit réaliser un sentier de croissance à long terme (combinant le facteur travail et le facteur capital), à dix ans, oscillant autour de la croissance moyenne des pays devenus émergents. Cette croissance doit être supérieure à celle de la moyenne des pays développés. Le taux de croissance à retenir dépend de l'horizon fixé pour rattraper les économies développées. Plus l'horizon est proche, plus la croissance doit être forte.

Un pays peut certes initier et enregistrer des pics de croissance durant une certaine période, mais comme l'a montré Haussmann PRITCHETT-RODRIK (2004), la croissance économique peut ne pas être soutenable et conduire un pays vers le développement lorsqu'il poursuit les bonnes politiques économiques et possède des institutions de qualité.

Pour émerger et donner à la croissance un caractère soutenable, un pays en développement doit donc mettre en place des politiques volontaristes pour convaincre les investisseurs étrangers afin de s'insérer avec succès dans l'économie mondiale.

Cette croissance devra provenir non seulement de l'industrie extractive mais surtout de l'industrie de transformation et des services financiers.

L'augmentation de la productivité est un impératif pour une croissance élevée et soutenue car la productivité a des conséquences sur les salaires, les profits des entreprises et, in fine, sur la croissance.

Pour élever la productivité, multiples facteurs peuvent être évoqués. Les dépenses d'investissement sont souvent avancées pour construire de nouvelles usines ou acheter de nouveaux équipements (machines, logiciels, etc.). Les entreprises ne doivent pas accumuler des liquidités ou procéder à des achats d'actions pour faire grimper leur cours. Au regard de l'expérience, la numérisation de l'économie n'a pas autant dopé la productivité que les ruptures technologiques précédentes, comme le moteur à combustion, l'électrification ou l'avion à réaction.

Pour parvenir à une croissance économique durable et soutenue, l'Etat doit mener des politiques budgétaires et monétaires discrétionnaires contracycliques, tout en respectant les règles de discipline budgétaire et de conduite de la politique monétaire commune. À long terme, ces politiques doivent être renforcées par des politiques d'allocation de ressources et de redistribution des revenus ainsi que par la diversification de l'économie, afin d'alléger les effets des chocs.

Après ce contour des critères de l'émergence économique, passons à présent aux indicateurs d'évaluation du niveau de développement d'une économie.

IV. Indicateurs d'évaluation du niveau de développement d'une économie

Plus récemment, le concept de « pays émergents » a fait son apparition, sans qu'une définition précise ne soit donnée, ni aucune grille de lecture ne soit définie. Par conséquent, combler ce vide est devenu une préoccupation majeure des économistes. C'est la raison pour laquelle nous tentons de formuler certains indicateurs nécessaires à l'évaluation du niveau de développement d'une économie en relation avec le concept de l'émergence. Il s'agit d'un tournant décisif de la littérature qui attribue une place à l'émergence dans les étapes du développement en modifiant les étapes qui ont été jusqu'ici validées par les économistes.

Sachant que le concept d'émergence économique comprend un aspect économique et financier, et traduit une importance avérée sur le plan géostratégique, en termes de puissance, il est pertinent de tenir compte de tous ces aspects dans la formulation d'une grille de lecture.

L'émergence étant le rattrapage en matière du niveau de développement, l'analyse du niveau d'émergence d'une économie devra se focaliser sur certains indicateurs pertinents pour mesurer le développement des nations, notamment le revenu national brut par habitant (RNB/h) et l'indice de développement humain (IDH). À ces deux indicateurs, il conviendrait d'ajouter le taux de croissance et l'existence d'un marché financier.

À l'exception de l'indicateur de l'existence d'un marché financier, les autres indicateurs font l'objet d'une comparaison pour permettre de classer les économies des pays en pays développés, en pays émergents, en pays pré-émergents et en pays moins avancés.

1) Le Produit National Brut par habitant (PNB/h)

Pour arriver au PNB/h, on détermine tout d'abord le produit intérieur brut (PIB).

Le PIB est une quantification de l'ensemble des revenus produits dans une économie reposant sur un certain nombre de conventions. Il est constitué par la somme des valeurs ajoutées (productions moins la somme des consommations intermédiaires), à laquelle on ajoute les impôts indirects nets de subventions. Dans les pays en développement, en tant que mesure de revenu, le PIB est discutable. En effet, le PIB ne prend en compte que les revenus issus de la production interne. Les revenus et les transferts reçus de l'extérieur (ou versés à l'extérieur) peuvent être importants dans certains pays en développement. C'est pourquoi, dans les pays en développement, lorsqu'il s'agit de comparaison de revenus, on utilise plus souvent le revenu national brut (RNB), c'est-à-dire la production nationale brute (PNB), qui est égal à la somme du PIB et des revenus de facteurs de production versés de l'extérieur, moins les revenus de facteurs de production versés à l'extérieur. Ceci n'est cependant pas encore suffisant, car le revenu est accru (ou diminué) par les transferts reçus du reste du monde (par exemple les envois des travailleurs immigrés ou émigrés). Le concept correspondant (PIB ± revenus reçus ou versés au reste du monde ± transferts reçus ou versés au reste du monde) se nomme RNBD (revenu national brut disponible). C'est le concept le plus pertinent pour évaluer le niveau de revenu d'une économie. Cet indicateur prend en compte la production des nationaux à l'étranger. Ce qui est conforme à la définition de l'émergence donnée à l'introduction.

En s'appuyant sur le classement du niveau de développement de la Banque Mondiale, on peut retenir le classement suivant :

- les pays à faible revenu : RNB/h < 1.025 $. Il s'agit des pays les moins avancés ;
- les pays à revenus intermédiaires, dont :

• les tranches inférieures : RNB/h compris entre 1.026 et 4.035 $. Les pays dont le RNB/h est inclus entre ces deux bornes, sont qualifiés de pays pré-émergents ;

• les tranches supérieures dont le RNB/h est compris entre 4.036 et 12.475 $. Les pays dont le RNB/h est compris dans cet intervalle sont qualifiés d'émergents ;

- les pays dont le RNB/h est supérieur à 12.475 $/h sont qualifiés de pays développés.

Avec l'intégration du concept de l'émergence économique dans la littérature économique, on peut désormais redéfinir le classement du niveau de développement selon les quatre étapes suivantes : pays moins avancés, pays pré-émergents, pays émergents et pays développés.

La prise en compte dans la littérature économique du concept de l'émergence économique a suscité une nouvelle grille de lecture du niveau de développement.

2) L'Indice de développement humain (IDH)

Pour prendre en compte les aspects sociaux du développement, les Nations unies ont mis en avant l'IDH. L'IDH intègre trois éléments :

- la durée de vie, mesurée d'après l'espérance de vie à la naissance ;
- le niveau d'éducation, mesuré par la durée moyenne de scolarisation et la durée attendue de scolarisation ;
- le niveau de vie décent, mesuré d'après le RNB par habitant (en logarithmes, pour tenir compte de la décroissance de l'utilité marginale du revenu).

Après l'analyse des données sur l'IDH des pays développés, émergents et moins avancés, il est retenu la grille de lecture suivante :

- pays développés : IDH > 0,85 ;
- pays émergents : 0,55 ≤ IDH <0,25 ;
- pays pré-émergents : 0,44 ≤IDH <0,55 ;
- pays moins avancés : IDH <0,44.

3) Le niveau de croissance annuelle

Pour ce qui est du niveau de la croissance, la croissance annuelle doit être au moins supérieure à zéro pour les pays développés. En raison de la nécessité du développement en vue du rattrapage, la croissance annuelle des pays candidats à l'émergence doit être forte et soutenue pendant plusieurs années afin de leur permettre de rattraper les pays développés. Elle doit être au moins supérieure à la moyenne des pays développés. La croissance moyenne des pays développés se situant autour de 2,5%, celle des pays candidats à l'émergence devra être supérieure à 2,5%. L'exigence du taux de croissance doit être fonction de l'horizon de l'émergence que le pays s'est fixé.

Un horizon pas trop éloigné peut contraindre à une croissance à deux chiffres. Pour un horizon moyen, ce taux peut être inférieur à 10%, pour un horizon assez éloigné, ce taux peut se situer autour de 5%, c'est-à-dire au moins le double de la moyenne des pays développés. Toutefois, en cas de divergence, c'est-à-dire si les taux de croissance sont inférieurs à ceux des pays développés, on assistera à un creusement des écarts de richesse avec les pays développés et le rattrapage deviendra quasiment impossible.

4) L'existence d'un marché financier

Les marchés financiers étant à l'origine du concept d' « émergence », l'existence d'un marché financier est un critère pertinent dans l'évaluation d'une économie émergente. Dans l'économie de marché, le financement de l'économie se fait par les marchés de capitaux. Ainsi, un pays ne peut devenir émergent sans qu'il ne dispose d'un marché financier.

Pour un pays appartenant à un regroupement économique, il suffit que ce regroupement dispose d'un marché financier régional.

À la lumière de la grille de lecture proposée, pour qu'un pays soit qualifié d'émergent, il doit satisfaire simultanément à tous ces quatre (04) critères. La défaillance dans un critère devra permettre au pays d'améliorer ses performances dans ce critère afin qu'il soit satisfait.

L'histoire a démontré que les pays devenus émergents n'arrivent pas à satisfaire le critère de RNB/h. Toutefois, les autres critères ont toujours été satisfaits. Les critères de croissance économique, l'IDH et l'existence d'un marché financier sont des critères décisifs pour l'évaluation du niveau du développement d'un pays.

Ces indicateurs peuvent faire l'objet de projection afin de déterminer l'horizon d'émergence d'un pays donné.

Tableau 4 : Récapitulatif des indicateurs d'évaluation du niveau de développement d'une économie (source : auteur)

Niveau de développement / Indicateurs	Pays moins avancés	Pays pré-émergents	Pays émergents	Pays développés
Croissance moyenne	Très faible	En progression	Supérieur à 5%	2,5%
RNB/h	Inférieur à 1.025 $	Compris entre 1.026 et 4.035 $	Compris entre 4.036 $ et 12.475 $	Supérieur à 12.475 $
IDH	Inférieur à 0,44	Compris entre 0,44 et 0,55	Compris entre 0,55 et 0,85	Supérieur à 0,85
Marcher financier	Absence d'un marché financier	Existence ou pas d'un marché financier	Existence d'un marché financier	Existence d'un marché financier

français a par exemple saisi le fonds de pension de France Télécom (1997) et d'EDF-GDF (2005), réduisant ainsi chaque fois le déficit de 0,5% du PIB.

c. Une autre façon de dissimuler l'endettement consiste à vendre certains actifs, comme les autoroutes. Le gouvernement peut ainsi vendre les droits d'exploitation d'autoroutes publiques à des sociétés concessionnaires, recueillant ainsi des sommes d'argent qui vont permettre de réduire le déficit, mais se privant de la collecte des péages pendant environ 25 ans. Selon les règles de la comptabilité nationale, les privatisations d'entreprises publiques ne réduisent ni le déficit, ni les ventes d'actions détenues par l'Etat, contrairement aux opérations de « titrisation ». Celles-ci financier consistent à transformer un crédit bancaire (comme un prêt immobilier) ou un flux financier (des paiements récurrents à venir) en un titre financier, qui peut alors être facilement vendu sur un marché financier. C'est le cas du gouvernement grec qui avait titrisé les recettes de la loterie nationale et de la Belgique, qui avait fait de même avec ses recettes fiscales futures, anticipant ainsi immédiatement des versements à venir. De telles opérations ont réduit le déficit sur une année, mais elles n'ont fait que différer le problème, puisque les recettes futures ont été réduites. Il en est de même pour la vente de bâtiments publics à des investisseurs privés : le budget engrange immédiatement le produit de la vente, mais doit s'engager à payer un loyer au cours des années suivantes, augmentant ainsi les dépenses futures.

d. Une autre dissimulation à l'endettement consiste à avoir recours à des *swaps*, qui ne sont pas inclus dans les chiffres de dette selon les règles budgétaires. La Grèce avait par exemple réussi à masquer 5,3 milliards d'euros de dette avec l'aide de la banque américaine Goldman Sachs.

e. Différer des dépenses: les gouvernements ont recours à diverses techniques pour ne pas faire apparaitre certaines dépenses dans leurs comptes, notamment des dépenses d'investissements. Le gouvernement américain avait songé à louer auprès de Boeing une centaine d'avions ravitailleurs de l'armée de l'air, afin de ne pas débourser immédiatement le prix d'achat, avec un surcoût évalué entre 10 et 15%. De même, les partenariats public-privé, comme pour le nouveau siège du ministère de la Défense de Balard, permettent de différer le coût de l'investissement. Même si l'expertise du secteur privé dans l'immobilier de bureau apporte des avantages, les partenariats public-privé comprennent souvent des garanties publiques à l'encontre de divers risques, qui peuvent être coûteuses à terme. Les pensions de retraite des agents publics, qui ne sont comptabilisées que lorsqu'elles sont payées, sont dans de nombreux pays une dette importante, mais non reconnue (entre 10% du PIB en Australie et 80% au Royaume-Uni).

f. Externaliser des dépenses : faire supporter le fardeau de la dette publique par des entités extérieures au périmètre des administrations publiques est une autre technique fréquemment utilisée. Eurostat a par exemple redressé la dette grecque de 7,8% du PIB en y intégrant les dettes accumulées par des entreprises publiques, notamment dans le transport ferroviaire et routier, qui vendaient leurs services à perte et effectuaient ainsi un transfert social pour le compte du gouvernement. En 2011, la France a demandé à la Caisse des dépôts et consignation de se porter au secours de la banque franco-belge Dexia, au bord de la faillite, évitant ainsi un accroissement de la dette d'Etat, mais poussant les comptes de cet établissement dans le rouge.

Conclusion

L'émergence économique : comment y parvenir ?

Pour certains auteurs, inclure, inciter, investir et innover constituent les « 4i », c'est-à-dire les quatre verbes clés de l'émergence. Pour d'autres, Education, Epargne, Etat et Entreprise constituent les quatre mots clés de l'émergence économique, c'est-à-dire le modèle des « 4E ».

Cependant, nonobstant la conjugaison de ces quatre verbes, (4i) ou l'usage simultanée de ces quatre mots (4E), sans le changement des mentalités, c'est-à-dire du logiciel mental, aucun décollage ne peut avoir lieu.

Pour ce faire, l'émergence d'une économie se construit. Avec l'appui des critères de pré-émergence et de l'émergence que nous avons mis en avant, le pays qui s'engage à devenir émergent à un horizon donné, devra pour y parvenir mettre en place un comité de l'émergence économique qui aurait la charge :

– d'œuvrer pour que les conditions préalables à l'émergence économique soient réunies, en l'occurrence, les conditions qui feront que le pays devienne pré-émergent ;
– d'élaborer le programme de l'émergence sur un horizon[23] bien déterminé. Ce comité devra procéder à

[23] Cet horizon peut être en moyenne de 20 ans. En effet, les pays européens ont mis 100 ans pour rattraper l'Angleterre, premier pays industrialisé. Le Brésil, l'Argentine et le Mexique ont mis 40 ans pour se doter d'un appareil de production similaire à celui de l'Occident et la Corée du Sud a mis 15 ans (1961-1976) pour rattraper le niveau industriel du Japon.

l'évaluation du coût global du programme, à la détermination de la part du financement intérieur et celle du financement extérieur. Il s'ensuivra l'identification des sources de financement interne et la recherche de financement extérieur ;
- de diligenter la mise en œuvre de ce programme et évaluer, chaque année, l'état d'avancement vers l'émergence, afin d'ajuster, le cas échéant, le parcours restant.

Ainsi, un pays candidat à l'émergence économique se doit de suivre une démarche similaire à celle que nous venons de présenter. Dans le cas contraire, l'émergence économique attendue aura de fortes chances de devenir une utopie ou de rester un mythe.

Cette démarche n'est pas exempte de limites, mais le pays candidat à l'émergence devra ajuster les critères en fonction de son environnement économique et social et de sa politique nationale et internationale.

Bibliographie

ACEMOGLU D., JOHNSON S., ROBINSON J., « Institutions as the fundamental cause of longrun growth » (2005), in *Handbook of Economic Growht by AGHION Ph. and DURLAUF S.*, Elsevier.

ALESINA A. et PEROTI R., *The Political economy of growth : A critical survey of the Recent Literature*, The world Bank Economic Review, 1994, vol 8, n°3 pp. 351-371.

BHADRA D., BRANDAO A. S., *Urbanization, agricultural Development and Land Allocation ?* World Bank Discussion Papers, 1993, n°201, 65p.

DAZIANO Laurence *Qui sont les nouveaux émergents*, in Problèmes économiques, 2014, n°3-3080, pp. 37-46.

HAUSSMANN R., PRITCHETT L. et RODRIK D., *Growth accélérations,* August, AJ, Harvard University, 2005.

KAUFMANN *et al.*, *Governance matters, Governance Indicators for 1996-2004,* World Bank Policy Research Working Paper 3630, June, 2005.

KINZOUNZA Kitsoro Firmin, *Le logiciel mental, facteur déterminant de l'émergence des pays africains*, Cesbc Presses, Aubagne, France, (coll. Thème A), 2016.

KRUGMAN Paul & WELLS Robin, *Macroéconomie,* Bruxelles, De bock, 2009.

LEWIS W. A, *Economic Development with Unlimited supplies of Labor*, Manchester School, 1954.

LUCAS R., *On the Mechantes of Economie Development»,* Journal of Monetary Economies, 1988, pp. 3-42.

MADDISON A., *The World Economy. Historical statistics*, OCDE, 2003.

RAFFINOT Marc, *Economie du développement*, Dunod, Paris, 2015.

MONTALIEU Thierry, *Economie du développement*, Bréal, Clamecy, 2001.

NORTH D., *Institutions, Institutionnal change and economic performance,* Cambridge University Press, 1990.

OCDE, *Perspectives du développement mondial 2010*, Problèmes économiques, bimensuel n°318, 2010.

HUGON Philippe, *La crise du capitalisme financier mondial et sa contagion au second monde émergent et au tiers monde,* Revue Tiers monde n° 197, Paris, édition Armand Colin, 2009.

RAFFINOT Marc, *Economie du développement*, Paris, Dunod, 2005.

RODRICK D., SUBRAMANIAN A, TREBBI F., *The primacy of institutions over Geography,* 2002.

SACHS J. et WARNER A., *Economic convergence and Economic Policies,* NBER Working, 1995.

STIGLITZ J.E, LAFAY J.D & WALSH C.E., *Principes d'économie moderne,* Bruxelles, De Boeck, Papers Series, WP n° 5039, 1995.

VILLIEU Patrick, *Macroéconomic*, Paris, Economica, 2015.

ROSTOW Walt Whitman, *Les étapes du développement économique,* Paris, Seuil, 1960.

WILLIAMSON O., *The new Institutionnal Economic : Taking Stock, Looking Ahead,* Journal of Economic Literature, Vol. XXXVIII, 2000, pp. 595-613.

Liste des tableaux

Table des matières

L'Afrique
aux éditions L'Harmattan

Dernières parutions

ETHNIES, NATIONS ET DÉVELOPPEMENT EN AFRIQUE : QUELLE GOUVERNANCE ?
Actes du colloque de Brazzaville (Congo), du 26 au 28 mai 2014
Sous la direction de Hugues Mouckaga, Scholastique Dianzinga, Jean-François Owaye
En 1962, quelques années seulement après que la parenthèse coloniale eut commencé à se fermer, un agronome français, René Dumont, osa ce pronostic : « l'Afrique noire est mal partie ». Que de protestations ! Pourtant, plus de 50 ans après les indépendances, le continent africain est à la peine et patine. L'explication : la mal gouvernance. Du fait de ses ethnies, l'Afrique fait face à un épouvantable écueil ! Elle n'arrive pas à se constituer en nations ! Il importait donc d'agir, de réfléchir autour de cette problématique.
(Coll. Études africaines, 55.00 euros, 704 p.)
ISBN : 978-2-343-05785-9, ISBN EBOOK : 978-2-336-37944-9

ÉLECTIONS, VOTE ET REPRÉSENTATION POLITIQUE DES AFRICAINS DE L'ÉTRANGER
Suivi du *Guide des opérations électorales en dehors des frontières nationales*
Wongo Ahanda Antoine
Quels sont aujourd'hui les types d'élections, les mécanismes et les procédures du vote à l'extérieur adoptés par les pays africains ? Dans cet ouvrage, qui fait la synthèse des connaissances et des pratiques du vote à l'extérieur et de la représentation politique des Africains de l'étranger, l'auteur entend apporter une contribution pédagogique au processus d'appropriation de la citoyenneté externe par les États africains. Un ouvrage qui intéressera les leaders africains, les migrants africains et tous ceux qui sont impliqués dans le processus de vote à distance à travers l'Afrique et les pays d'immigration.
(Coll. Études africaines, 21.00 euros, 202 p.)
ISBN : 978-2-343-02009-9, ISBN EBOOK : 978-2-336-38129-9

MANUELS SCOLAIRES, ENVIRONNEMENT INFORMATIF ET NUMÉRIQUE AU SERVICE DE LA LECTURE
Enjeux nouveaux pour une école émergente
Thioune Birahim - Préface de Michèle Verdelhan Bourgade
Aujourd'hui, l'environnement socioculturel s'est complexifié du fait de l'émergence de technologies nouvelles qui ont envahi l'univers des apprenants et qui se révèlent, dans les espaces d'éducation et de formation, à la fois comme

des promesses d'enrichissement et des menaces. Ce livre fixe quelques contours de l'utilisation des TIC (Technologies de l'Information et de la Communication) et des limites à observer dans leur application, sous peine de mettre en péril tout un patrimoine pédagogique.
(16.50 euros, 164 p.)
ISBN : 978-2-343-06236-5, ISBN EBOOK : 978-2-336-37731-5

L'ÉCOLE, GAGE DU DÉVELOPPEMENT DE L'AFRIQUE
Zénith Laurent - Préface de Mathias Eric Owona Nguini
Si plusieurs facteurs et secteurs sont à considérer pour sortir rapidement l'Afrique de son retard, le domaine scolaire revêt une importance capitale. Malheureusement, ce levier du développement qu'est l'école regorge de nombreuses tares dans la quasi-totalité des pays subsahariens. Un système académique bien pensé participerait fortement à l'essor de l'Afrique. À partir de propos, témoignages et de cas vécus, l'auteur met à nu tous les manquements qui handicapent l'émergence de ces pays.
(Harmattan Cameroun, 16.50 euros, 158 p.)
ISBN : 978-2-343-06203-7, ISBN EBOOK : 978-2-336-38133-6

LE CAMÉLÉON ET LA MORT EN AFRIQUE
Eschenlohr Nicole
La question de la mort hante nos esprits rationnels. Pour mieux maîtriser cette angoisse existentielle, les civilisations traditionnelles ont détourné le problème en attribuant une origine à cette mort : pourquoi et comment est-elle apparue ? En réponse à ses interrogations, la mythologie africaine, riche de liens tissés entre les hommes et les animaux, a désigné un responsable qu'elle a placé au cœur de ses récits et légendes : le caméléon. Accusé de lenteur, sa défense repose sur l'inéluctabilité de la mort...
(Coll. Ethnographiques, 14.00 euros, 132 p.,)
ISBN : 978-2-343-05818-4, ISBN EBOOK : 978-2-336-37485-7

APPROCHE CRITIQUE DU DÉVELOPPEMENT EN AFRIQUE SUBSAHARIENNE
Zagre Ambroise
Le sous-développement de l'Afrique subsaharienne constitue une préoccupation majeure pour les pays concernés, la communauté internationale, les milieux intellectuels et la société civile. Cet ouvrage interroge la notion de développement et envisage l'avenir de ce sous-continent vers un nouveau paradigme de développement : l'»auto-développement humain», capacité des sociétés à se développer en comptant d'abord sur leurs forces intérieures, leur capacité de création et leurs potentialités matérielles et spirituelles.
(Coll. Politique et dynamiques religieuses en Afrique, 27.00 euros, 260 p.,)
ISBN : 978-2-343-05939-6, ISBN EBOOK : 978-2-336-37427-7

LA PRÉCARITÉ QUOTIDIENNE EN AFRIQUE DE L'OUEST
Culture et développement
Ernoux Jules - Préface de Michaël Singleton
Cet ouvrage propose des tranches de vie prises sur le vif dans la population, plutôt urbaine, de Côte d'Ivoire, de Guinée et du Niger. À l'issue de 33 séjours

riches de rencontres collectives et individuelles, l'auteur s'interroge : comment vivre au jour le jour dans le manque permanent, seulement soucieux de manger à sa faim, de sauvegarder une santé précaire, de confier ses enfants à des écoles surpeuplées, de vivre dans l'insécurité d'un pays où l'État de droit n'est qu'une illusion ?
(Coll. Écrire l'Afrique, 15.50 euros, 154 p.)
ISBN : 978-2-343-05748-4, ISBN EBOOK : 978-2-336-37417-8

LE MARKETING DE RUE EN AFRIQUE
Mouandjo Lewis Pierre
Cet ouvrage, abondamment illustré d'exemples, se veut un outil pédagogique pour faciliter la compréhension de ce «Marketing de rue» tant développé par ses acteurs en Afrique. Son but est de mettre à la disposition des étudiants et responsables d'entreprises un manuel leur permettant de saisir les opportunités qui leur sont offertes par ce nouveau marché que représente la rue et où se déroulent des pratiques commerciales «agressives» et une concurrence farouche entre les entrepreneurs individuels, les grandes sociétés et les Petites et Moyennes Industries.
(Coll. Études africaines, 44.00 euros, 512 p., Illustré)
ISBN : 978-2-343-05770-5, ISBN EBOOK : 978-2-336-37547-2

L'AGENCE SPATIALE AFRICAINE
Vecteur de développement
Ouedraogo Sékou - Préface de Jean-Loup Chrétien
L'Algérie est en train de finaliser la conception de son premier satellite national ALSAT2B qui devrait être entièrement conçu par ses ingénieurs. Le Nigéria veut envoyer un astronaute dans l'espace avant la fin 2015. Qui peut le croire ? Et pourtant, l'Afrique possède des agences spatiales nationales crédibles et des organisations panafricaines qui travaillent sur le sujet. Pour utiliser efficacement ces applications spatiales au service du développement, l'auteur défend la création d'une Agence Spatiale Africaine.
(Coll. Diplomatie et stratégie, 18.50 euros, 188 p.)
ISBN : 978-2-343-05942-6, ISBN EBOOK : 978-2-336-37375-1

UN CHEF-D'ŒUVRE DES ARTS D'AFRIQUE
La plateau de Fa (golfe du Bénin), collection Christoph Weickmann Ulm, 1659
Biton Marlène-Michèle
Dans cet ouvrage, l'auteur a tenté de mener une enquête sur un plateau de divination provenant des côtes de Guinée, importé il y a 350 ans à destination du cabinet de curiosités d'un marchand d'Ulm, Christoph Weickmann. Il s'agit d'abord de replacer cet objet dans son contexte historique et culturel et de retrouver les conditions de son arrivée en Europe. L'auteur entreprend également une analyse plastique précise ouvrant des perspectives sur les modalités de représentations utilisées et l'accès à une mythologie foisonnante.
(Coll. Ethnoesthétique, 30.00 euros, 290 p.)
ISBN : 978-2-343-04282-4, ISBN EBOOK : 978-2-336-37491-8

DE LA CEAO À L'UEMOA
Ou la genèse d'une intégration sous-régionale réussie
Sawadogo Fatimata - Préface de Cheikhe Hadjibou Soumaré
Cet ouvrage est un solide argumentaire de la trajectoire de l'intégration ouest-africaine. Cette analyse historique sur les principales organisations qui ont précédé la CEAO (Communauté économique de l'Afrique de l'Ouest), se concentre sur les acquis et les insuccès de cette dernière. L'auteur analyse le passage de la CEAO à l'UEMOA (Union économique et monétaire ouest-africaine) pour mieux démontrer les grandes avancées sur le difficile chemin de l'intégration sous-régionale. Elle insiste sur le bilan positif de l'UEMOA eu égard aux nombreuses actions concrètes dans tous les secteurs de la vie socio-économique au profit des populations.
(15.50 euros, 152 p.,)
ISBN : 978-2-343-05985-3, ISBN EBOOK : 978-2-336-37437-6

CHEIKH HAMAHOULLAH – Homme de foi et résistant
L'Islam face à la colonisation française en Afrique de l'ouest
Traoré Alioune
Cheikh Hamahoullah fut l'un des principaux propagateurs du tijânisme en Afrique occidentale. Il mena un combat inlassable pour la liberté et la dignité des peuples d'Afrique pendant la période coloniale. En s'appuyant sur des documents d'archives, la tradition orale africaine et des manuscrits conservés par les fidèles et les adversaires du Cheikh, l'auteur rejette l'image d'un Hamahoullah agitateur sans culture et sans foi, que répandaient complaisamment les rapports des administrateurs coloniaux.
(34.00 euros, 404 p.)
ISBN : 978-2-343-04694-5, ISBN EBOOK : 978-2-336-37070-5

QUELLE AFRIQUE POUR LES JEUNES ?
Lettre ouverte
Barry David
Ce livre est une lettre ouverte d'un panafricaniste convaincu. Il s'adresse aux jeunes, car ce sont eux qui peuvent encore nourrir de grands rêves et qui ont encore la capacité de s'indigner. Le panafricanisme est pour l'auteur la seule voie royale qui permettra aux jeunes de retrouver une certaine cohérence, un sens et surtout de reprendre l'initiative. Cette lettre ne comporte pas de recettes mais propose une démarche en fournissant des repères.
(Harmattan Burkina Faso, Coll. L'Harmattan International Burkina Faso, 16.50 euros, 166 p.,)
ISBN : 978-2-343-06009-5, ISBN EBOOK : 978-2-336-37484-0

L'Harmattan Italia
Via Degli Artisti 15; 10124 Torino
harmattan.italia@gmail.com

L'Harmattan Hongrie
Könyvesbolt ; Kossuth L. u. 14-16
1053 Budapest

L'Harmattan Kinshasa
185, avenue Nyangwe
Commune de Lingwala
Kinshasa, R.D. Congo
(00243) 998697603 ou (00243) 999229662

L'Harmattan Congo
67, av. E. P. Lumumba
Bât. – Congo Pharmacie (Bib. Nat.)
BP2874 Brazzaville
harmattan.congo@yahoo.fr

L'Harmattan Guinée
Almamya Rue KA 028, en face
du restaurant Le Cèdre
OKB agency BP 3470 Conakry
(00224) 657 20 85 08 / 664 28 91 96
harmattanguinee@yahoo.fr

L'Harmattan Mali
Rue 73, Porte 536, Niamakoro,
Cité Unicef, Bamako
Tél. 00 (223) 20205724 / +(223) 76378082
poudiougopaul@yahoo.fr
pp.harmattan@gmail.com

L'Harmattan Cameroun
TSINGA/FECAFOOT
BP 11486 Yaoundé
699198028/675441949
harmattancam@yahoo.com

L'Harmattan Côte d'Ivoire
Résidence Karl / cité des arts
Abidjan-Cocody 03 BP 1588 Abidjan 03
(00225) 05 77 87 31
etien_nda@yahoo.fr

L'Harmattan Burkina
Penou Achille Some
Ouagadougou
(+226) 70 26 88 27

L'Harmattan Sénégal
10 VDN en face Mermoz, après le pont de Fann
BP 45034 Dakar Fann
33 825 98 58 / 33 860 9858
senharmattan@gmail.com / senlibraire@gmail.com
www.harmattansenegal.com

www.ingramcontent.com/pod-product-compliance
Lightning Source LLC
LaVergne TN
LVHW051355061026
849535LV00009B/3196